룻기
이야기

룻기 이야기

발행일 2022년 11월 24일

지은이 최은희
펴낸이 손형국
펴낸곳 (주)북랩
편집인 선일영 편집 정두철, 배진용, 김현아, 류휘석, 김가람
디자인 이현수, 김민하, 김영주, 안유경, 신혜림 제작 박기성, 황동현, 구성우, 권태련
마케팅 김회란, 박진관
출판등록 2004. 12. 1(제2012-000051호)
주소 서울특별시 금천구 가산디지털 1로 168, 우림라이온스밸리 B동 B113~114호, C동 B101호
홈페이지 www.book.co.kr
전화번호 (02)2026-5777 팩스 (02)3159-9637

ISBN 979-11-6836-602-2 03230 (종이책) 979-11-6836-603-9 05230 (전자책)

| 구약에서 가장 아름다운 단편 |

룻기 이야기

최은희 지음

북랩

최은희 목사 룻기 설교집 추천서

사랑하는 제자 최은희 목사님은 이 시대에 하나님이 주목하시는 여종입니다. 하나님을 향한 뜨거운 사랑과 잃어버린 영혼들에 대한 가슴 시린 열정을 함께 품고 있는 여성 목회자이기 때문입니다.

의사의 아내로서 쉽고 편한 삶을 선택할 수도 있었지만, 굳이 걷지 않아도 될 사역의 길을 나섰습니다. 무려 7년 동안 부산과 서울을 비행기와 KTX를 타고 오르내리며 광나루 언덕에서 경건과 학문을 훈련하여 탄탄한 기초를 쌓은, 공부하는 목회자이기도 합니다. 자원하는 마음으로 변함없이 한 길을 걷고 있는 심지 곧은 목사님이십니다.

2010년 센텀누리교회를 개척하여 예수님처럼 낮은 자리에 내려가 몸소 약한 자들의 발을 씻기는 삶을 보여주고 있습니다. 하나님을 이해하고 탐구하는 성실한 학자요, 새벽기도회의 자리에서 생생하게 들려지는 하나님의 음성의 전달자요, 깊고 오묘한 하나님의 신비의 해석자요, 일상의 삶 속에서 체현된 사랑의 실천자로 구체적인 열매를 맺어가는 모습에 머리 숙여 감사하며 기쁜 마음으로 자랑하지 않을 수 없습니다.

이제 룻기 설교집을 출간하게 되었습니다. 그의 설교는 오랫동안 하나님의 말씀에 대한 깊은 묵상을 바탕으로 하나님 나라의 가치관에 대한 신선한 통찰과 따스한 가슴의 이야기가 녹아들어 있습니다. 눈을 열면 십자가와 부활의 복음에 대한 온전한 이해와 하나님 나라 지평에서의 삶을 구현하기 위한 몸부림의 발자국들을 살펴볼 수 있을 것입니다.

본 도서에는 하나님의 은혜와 함께 신앙인의 용기와 도전에 대한 이해가 듬뿍 담겨 있습니다. 구원의 역사에 나타난 하나님과 인간의 역동적인 만남의 사건이 생생하게 그려지고 있습니다. 룻의 삶의 밑바닥에서 다시 찾게 된 생명과 치유와 위로와 회복과 비전의 뜨거운 목소리가 우렁차게 들리는 듯합니다.

룻기 설교집에서 우리는 하나님의 심장과 맞닿아 있는 진솔하고 현숙한 여목회자의 목소리를 들을 수 있습니다. 룻처럼 하나님을 먼저 선택하고, 하나님의 백성을 사랑하며, 하나님의 뜻을 청종聽從하는 삶을 살아내는 최은희 목사님의 설교집을 주저하지 않고 추천하는 바입니다.

모쪼록 이 귀한 책을 통해 보다 많은 신앙인들이 삶의 회복과 소망을 누리게 되길 기대합니다.

최목사님의 쉬지 않고 달려온 헌신의 길에 주님의 드넓은 자비와 따스한 위로가 함께 하시길 기원합니다.

장로회신학대학교 ***신옥수 교수***

추천사 2

룻기에 대한 주석이나 설교집이 다양하게 출판되었지만 최은희 목사의 룻기는 또 다른 각도에서 깨달음과 즐거움을 선사하는 책이라고 할 수 있다. 아마 이것은 룻기를 해석하는 최은희 목사의 신앙과 삶의 경험이 바탕이 되고 있기 때문인 것 같다. 룻기가 저자의 생생한 삶의 경험과 깊은 신앙으로 해석되고 있기에 구절이 과거의 이야기에서 끝나는 것이 아니라 오늘의 삶의 이야기로 들리고, 오늘의 삶에 깨달음을 주는 신앙의 지침서로 가슴을 파고들어오게 된다.

일반적으로 룻기는 효도와 그로 인한 하나님의 축복에 초점이 맞추어 해석되는 경우가 많은데 이 책은 효도보다 하나님에 대한 신앙이 더 우선되고, 중심이 되고 있다. 그래서 나오미가 여주인공인 룻만큼 중요한 역할을 한다.

저자는 나오미의 선택과 삶을 통하여 '하나님의 백성이 하는 선택의 중심은 자신이 아니고 하나님이 되어야 함'을 강조한다. 내 생각이 옳은 것 같아도 하나님의 뜻이 아닌 내 생각대로 할 때는 인생의 흉년이 닥치게 됨을 남편과 자식과 가진 것을 다 잃게 되는 나오미의 삶을 통해 제시한다. 아무리 어려울 때라도 하나님 곁에 있어야 인생의 흉년을 피할 수 있다는 것이다.

나아가 나오미의 삶에서 증명되는 것처럼 인간이 모든 것은 다 잃어도 하나님께 돌아오기만 하면 하나님께서 살길을 열어주시고 복을 주신다는 것이다. 그러니 '언제나 하나님을 선택하고 하나님께 돌아가야 함'을 이 책의 전반을 통해 강조한다.

아무리 앞이 보이지 않는 어려움 속에서도 '하나님께 집중하고 하나님께 순종하면 그 다음은 하나님께서 다 하신다, 복된 길을 열어주신다'는 것이 이 책에서 가장 강조되는 메시지이다. 그래서 이 책이 각 장마다 우리의 신앙을 돌아보게 하고, 하나님 중심의 삶을 살아야 함을 깨닫게 한다.

두 번째로 이 책은 현대인들이 잃어가고 있는 전통적인 가치에 대해 다시 한번 생각하게 만드는 힘이 있다. 물론 중심이 되는 것은 시어머니와 며느리의 이야기이지만 그와 함께 부모와 자녀, 부부 등 가정의 소중함을 인식하게 만들고, 그런 가치들이 하나님 앞에서 바른 길이며 은혜의 통로가 됨을 깨닫게 만든다.

빈손이 된 과부 시어머니와 이방인 며느리라는 최악의 조합, 최악의 상황이었지만 시모에 대한 순종과 공경이라는 하나님 앞에서 바른 가치들을 선택할 때 그것이 하나님의 복을 받는 비결이 됨을 저자는 역설하고 있다. 저자는 자신이 시어머니를 모셨던 경험을 통해 그 당시에는 어려움도 있었지만 그것이 더 많은 것을 얻게 되는 축복의 통로였음을 고백하는데, 이런 경험이 룻의 심정과 룻의 일생을 헤아리는 기초가 된 것으로 보인다.

이 책은 최은희 목사의 설교를 재구성한 것인데 책으로뿐 아니라 설교는 어떠했을까, 그 설교를 한 번 들어보고 싶다는 생각이 들 만큼 재미있다는 것이 큰 장점이다. 그것은 성경의 이야기가 객관적인 서술로 기록된 것에 비해 이 책은 매우 풍부한 상상력이 첨가되어 있기 때문인 것 같다. 특히 여성들의 섬세한 심리적 움직임들을 잘 포착하고 있으며, 여성들이 부딪히는 마음의 흔들림에 대해 바른 길이 무엇인지 생각하고 그를 향해 움직이게 만드는 힘이 있다.

또한 이 책은 재미뿐만 아니라 인생에서 중요한 것이 무엇인지 깨닫게 한다. 하나님을 떠났을 때의 인생은 텅빈(마라)의 인생이지만, 하나님을 선택하고 하나님께 돌아왔을 때의 인생은 모든 것이 회복되고, 풍족과 희락이 주어지는 인생이며, 나아가 그들을 통해 하나님의 구속의 역사를 완성해나가는 귀한 통로가 됨을 깨닫게 하는 설교요, 책이라고 할 수 있다.

한일장신대학교 ***박화경 교수***

인생을 부풀게 할 나머지

남편이 죽고 아내에서 과부로, 두 아들이 죽고 어머니에서 자식이 없는 여자로, 남성 위주의 사회에서 남편과 아들이 주는 안전함을 잃고, 나이 들어 빈손이 된 여성에게 남은 것이 있다면 무엇이 있을까요?

모든 것이 내 손을 떠나가고, 스스로 회복할 수 있는 것이 아무것도 없어도, 살아 있는 모든 사람에게는 '남은 것'이 있습니다.

늙고, 병들고, 빈손 된 과부에게도, 아무것도 할 수 없는 사람에게도, 도저히 희망이 보이지 않는 사람에게도, 말기 암 환자에게도, 자신의 인생이 계획대로 펼쳐지지 않은 모든 사람에게도 '남은 것'은 있습니다. '주어진 환경에서 자신의 태도를 결정하고, 자기 자신의 길을 선택할 수 있는 자유'입니다.

빅터 프랭클은 나치 때문에 가족을 잃고, 재산을 잃고 아우슈비츠 등 4곳의 수용소에서 지내는 동안 놀라운 의미를 깨달았습니다. 깨달음을 얻고, 이렇게 말했습니다. "인간에게 모든 것을 빼앗아 갈 수 있어도 단 한 가지, 마지막 남은 인간의 자유, 주어진 환경에서 자신의 태도를 결정하고, 자기 자신의 길을 선택할 수 있는 자유만은 빼앗아 갈 수 없다."

어떤 상황에서도 '다시 선택할 수 있는 기회'는 있습니다. 상실, 슬픔, 낙심, 절망, 두려움 가운데 있는 모든 사람에게 '그 인생을 부풀게 할 충분한 나머지'가 되시는 분이 계십니다.

그분이 모든 것을 상실한 나오미의 삶을 회복시키셨습니다.

그분이 우리의 '인생을 부풀게 할 나머지'가 되어주시는 하나님 아버지이십니다.

룻기는 소소한 우리의 일상에서 보이지 않게 개입하시는 하나님의 이야기입니다. 룻기는 우리의 '인생을 부풀게 할 나머지'가 되어주시는 하나님의 이야기입니다. 룻기는 우리가 '텅 빔' 되었을 때, 그것이 너의 잘못이 아니라고 말씀하시고 우리를 다시 일으키시는 하나님의 이야기입니다.

룻기의 간결하고 균형 잡힌 장면 분배를 보면 그 형식과 짜임새가 '기승전결'로 구성된 장르 상 하나의 단편소설(novella)로서 분류할 수 있습니다. 룻기의 4장 18절에서 22절의 다윗의 계보를 제외하면 룻기 1장 1절에서 4장 17절까지 모두 1,252단어, 80개 구절로 이루어져 있습니다. 이 가운데 45절이 대화체입니다. 45절의 대화 가운데 하나님은 자기 백성을 돌보시는 여호와, 선대하시는 여호와, 위로하시는 여호와, 살아계신 여호와로 그들의 삶에 깊숙이 개입하시는 하나님이십니다.

숨어서 보이지 않게 자기 백성의 삶에 '우연히'와 '마침내'로 개입하셨던 하나님으로 말미암아 이스라엘은 하나님의 역사를 이어갑니다.

룻기는 드라마틱한 대반전이 있지만, 룻은 이스라엘 역사 속에 실존한 인물로 정경의 역사서 사사기와 사무엘서 가운데 당당하게 자리를 차지하고 있는 역사서이기도 합니다.

룻기는 우리의 삶의 현장과 일터에서 우리가 마주치는 모든 현장에서 보이지 않게, 그러나 실제로 개입하시는 하나님의 이야기입니다.

룻기는 구약의 복음서입니다.

룻기의 주인공 룻과 그의 시어머니의 일상을 보면 매일이 특별하지 않습니다. 그런데 이 두 여인의 일상에서 일어나는 '우연히'와 '마침내'가 두 여인의 인생을 바꾸어 놓았습니다. 이런 반전을 보고 어떤 분들은 룻기를 '인생을 역전시키는 책'이라고 합니다. 그러나 룻기에서 '인생을 역전시키시는 하나님'만 강조하다 보면 룻기에 숨어있는 하나님의 놀라운 섭리를 놓치게 됩니다. 두 과부의 '텅 빔(Emptiness)을 '채움(Fullness)'으로 반전시키실 때까지 하나님은 소리 없이 두 과부의 일상 속에서 함께 하셨습니다.

룻기는 '텅 빔'과 '채움'을 이어주고, '상실'과 '회복'을 이어주고 '절망'을 '소망'으로 이어주는 마태복음 첫 장 첫 절의 예수 그리스도의 세계를 열어 주는 복음의 서막이 되었습니다. 룻기의 숨겨진 모든 행간에 우리의 고엘, 예수 그리스도가 반짝이기에 룻기는 구약의 한 가운데 있는 복음서입니다.

룻기에서 만나야 할 세 개의 동사

쿰, 슈브, 솨마(히브리어).

이 세 가지 동사는 구약성경에서 매우 중요한 동사입니다. 그래서 꼭 기억해야 합니다. '일어나다', '돌아오다', '듣다'는 동사입니다. '쿰'은 '일어나다'는 동사입니다. 구약성경에서 모두 594번 나옵니다. '슈브'는 '돌아가다'는 동사입니다. 구약성경에서 953번 나옵니다. '솨마'는 '듣다'라는 동사입니다. 구약성경에서 모두 1073번 나옵니다.

히브리어 '쿰', '슈브', '솨마'. 이 동사가 하나님 한 분을 향하면 '하나님 말씀을 듣고, 하나님을 향하여 일어나서, 하나님께 돌아가다'는 의미입니다.

내 인생이 전혀 내 계획대로 펼쳐지지 않을 때, 내가 세운 계획이 처절하게 무너질 때, 모든 것을 다 잃었을 때, 다시 회복할 수 없을 때, 그 때는 하나님 말씀을 듣고, 일어나 하나님께로 돌아가야 하는 때입니다.

이제, 당신의 상실, 탄식, 아픔, 슬픔을 회복, 기쁨, 즐거움, 춤으로 바꾸어 주실 하나님의 이야기를 들으시기를 바랍니다.

감사의 글

생명의 톨레도트를 이어주신 예수님, 룻기의 시작부터 마지막까지 인도해주신 예수님, 책이 나올 수 있도록 룻기의 주인공이 되어주신 우리 주님께 영광과 찬송을 올려드립니다.

목마른 사슴이 시냇물을 찾아 헤매듯 '상실'과 '텅 빔' 사이에서 찾고 찾았던 나의 하나님은 항상 숨어계신 하나님이셨습니다. 보이지 않는 하나님이 야속해서 주저앉았을 때, 하나님은 내 앞에서 나를 인도하시는 하나님이 아니라 늘 언제나 숨어 계신 하나님이셨습니다. 숨어계신 하나님을 숨바꼭질하듯 찾아내고 또 찾았지만, 하나님은 여전히 보이지 않았습니다. 그러나 하나님은 말씀으로 저를 일으키시고, 말씀으로 걸어가게 하셨습니다. 은혜가 없으면 하루도 버티기 힘들었기에 은혜를 구하며 매일 말씀의 타작마당으로 나갔습니다. 말씀의 타작마당에서 엎드려 주웠던 생명의 말씀이 고봉한 말이 되어 룻기로 태어났습니다.

어머니의 하나님을 나의 하나님으로 섬길 수 있도록 신앙의 모델이 되어주신 나의 친정어머니 장정숙 권사님께 감사를 드립니다. 깊은 산속 옹달샘처럼 늘 지혜로운 말씀으로 멘토가 되어주신 어머니의 신앙은 저의 가장 큰 버팀목이 되었습니다. 믿음의 4대를 이어주신 친정아버지 최성섭 집사님께 감사를 드립니다. 철없는 며느리를 묵묵히 받아주시고 요리비법을 전수해주시고, 늘 긍정적인 사고로 본을 보여주신 시어머니 김규달 권사님(故)께 감사를 드립니다. 한결같은 모습으로 부족한 아내의 설교를 들어주고, 희생과 헌신으로 교회를 섬기며 아내의 목회를 지지해준 나의 보아스! 남편 손창학 장로님 감사를 드립니다.

오벳처럼 믿음의 대를 이어가고 나의 봉양자 될 아들 손원국, 룻처럼 지혜롭고 현숙한 나의 딸 손서영, 생명의 '톨레도트' 안으로 들어온 나의 사위 조성우, 그리고 믿음의 6대를 당당하게 이어가고 있는 나의 손녀딸 조수지에게 감사를 드립니다.

룻의 이야기를 들으면서 함께 은혜의 타작마당에서 말씀의 이삭줍기를 하셨던 드림교회 존귀한 성도님들께 감사를 드립니다. 평범한 일상을 소소히 살아가면서 하나님의 '톨레도트'를 이어가시는, 저를 아는 모든 분께 감사를 드립니다.

인생의 기둥을 상실하고 절망하는 모든 독자들에게, 평범하게 반복되는 일상에서 소소한 것까지 은혜를 구하는 독자들에게, 이 책이 '하나님께로 나아가는 새로운 선택'과 '타작마당'이 되기를 기대합니다.

1장 선택

2장 은혜

이삭줍기 (룻 2:1-7)

온전한 상 (룻 2:8-16)

고부은혜 (룻 2:17-23)

3장 순종

청혼전략 (룻 3:1-5)

타작마당 (룻 3:6-15)

여섯 지혜 (룻 3:16-18)

4장 회복

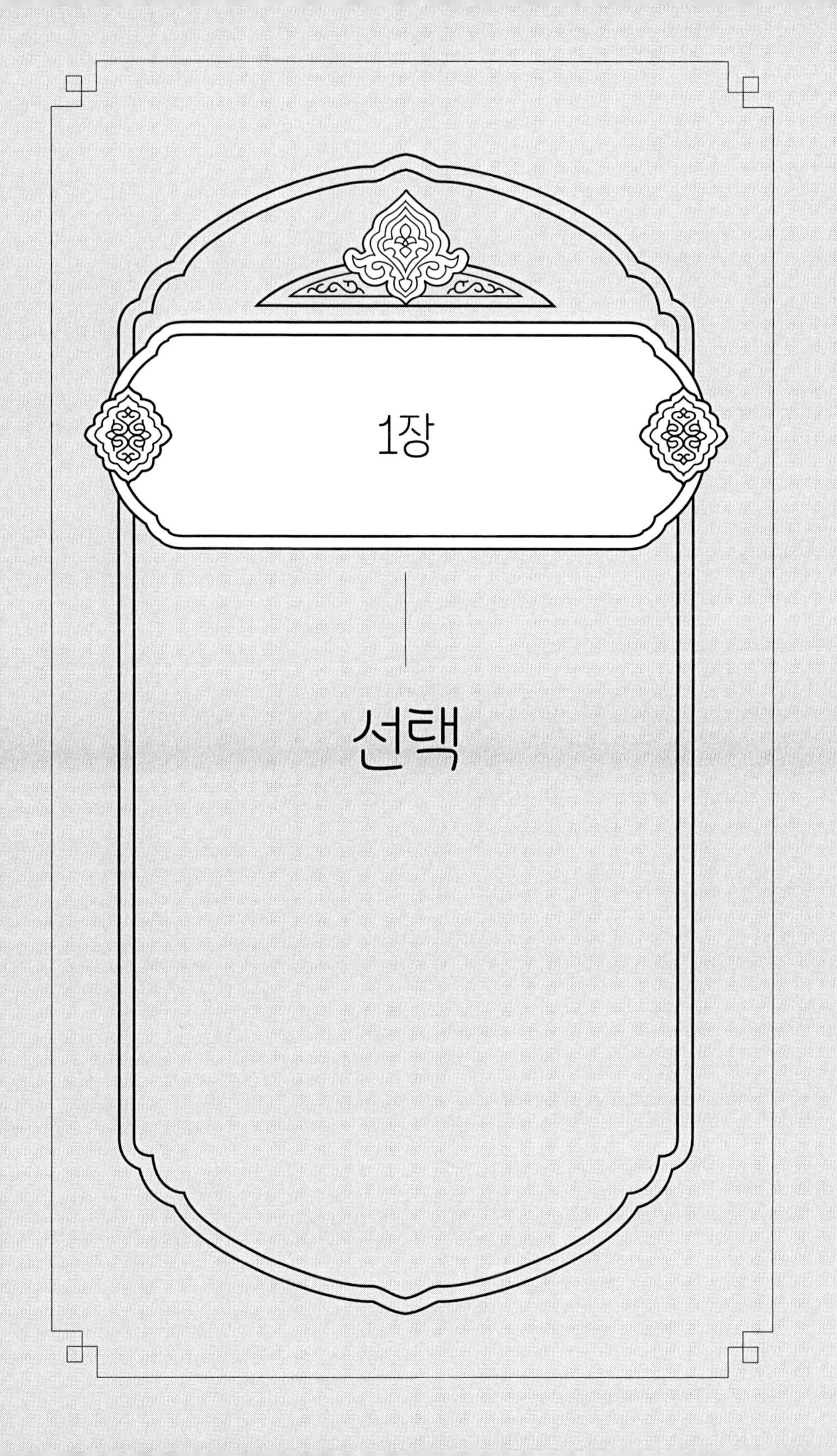

1장

선택

남았더라

(룻기 1:1-5)

인생이 내 계획대로 펼쳐지지 않을 때

"당신의 인생을 여섯 개의 단어로 요약한다면, 어떻게 표현하겠습니까?"

어느 인터넷 잡지의 설문조사에 나온 질문입니다. 응답자들의 말을 모아보니 답변은 "Not Quite What I was Planning."이었습니다.

"인생은 도무지 내 계획대로 펼쳐지지 않았다"는 것입니다.

성경에 나오는 수많은 믿음의 사람들, 하나님께서 사용하셨던 사람들은 모두 자신들의 계획대로 펼쳐진 삶을 살았던 사람들은 아니었습니다. 오히려 이들은 자신들의 계획대로 펼쳐지지 않았기에 하나님께서 펼쳐주신 새로운 기회를 얻었습니다.

룻기 서두에 나오는 나오미 역시 모압에서 극심한 흉년을 만났기에 베들레헴으로 돌아가는 새로운 기회를 얻었습니다. 모압에서 10년 동안 나오미는 가장 소중한 남편을 잃었고, 두 아들을 잃었습니다. 베들레헴을 떠날 때 함께 했던 가족을 모두 모압에서 잃었습니다. 나오미를 지탱해줄 삶의 기둥이 모두 무너졌을 때, 나오미는 비로소 하나님께 돌아가기 위하여 일어났습니다.

인생이 내 계획대로 펼쳐지지 않을 때, 내가 세운 계획이 철저히 무너질 때, 그때는 모든 것을 포기하고 주저앉는 때가 아니라 하나님을 향하여 다시 일어나야 하는 때입니다.

약속의 땅을 떠나면 흉년이 든다

> "사사들이 치리하던 때에 그 땅에 흉년이 드니라 유다 베들레헴에 한 사람이 그의 아내와 두 아들을 데리고 모압 지방에 가서 거류하였는데"(룻 1:1)

룻기의 배경이 되는 시기는 '사사들이 치리治理하던 때'입니다. 사사시대는 여호수아가 죽은 이후, 사울왕의 통치 이전의 시대입니다. 이 시기에는 이스라엘에 뚜렷한 영적인 지도자가 없었습니다. 물론 사사들이 활약을 했지만, 이 사사들은 한 지파의, 혹은 지역적으로 이스라엘을 인도했기에 사사시대 이스라엘은 큰 혼란을 겪었고 영적인 암흑기를 극복할 수 없었습니다.

사사시대는 하나님의 판단보다 자신들의 판단이 기준이 되고, 자신의 계획을 따라, 자신이 원하는 것을 행하며, 자기 판단이 옳다고 여기는 시대였습니다. 오늘날 우리가 사는 이 시대와 참으로 비슷한 시대였습니다. 하나님의 판단보다 자신들의 판단이 옳다고 여기고 제멋대로 제 생각대로 살았던 결과, 베들레헴에 흉년이 들었습니다.

베들레헴은 예루살렘의 남쪽 7㎞ 지점 유대 산지에서 동쪽에 있는 성읍입니다. 이곳은 유다에서 매우 비옥한 지대로 북쪽에는 올리브 나무가 우거지고, 동쪽의 낮은 지역에는 곡식과 올리브와 포도를 재배할 수 있는 비옥한 땅이었습니다. 그러나 서쪽은 동쪽보다 비가 훨씬 덜 오기 때문에 동쪽보다 가뭄이 빨리 왔습니다.

모압은 현재 요르단에 있는 평지로 요르단 전역의 농작물 70%가 이곳에서 재배됩니다. 겨울철에는 강수량이 풍부해 포도 수확이 많고, 보리농사를 짓기에 아주 비옥한 땅입니다.

베들레헴에서 모압은 약 80㎞ 거리로, 먼 거리가 아닙니다. 아브라함도 가나안에 가뭄이 들어 애굽으로 내려갔었고, 이삭도 가뭄을 피해 그랄로 내려갔습니다. 아브라함이나 이삭처럼 하나님의 백성이 가뭄을 피해 잠시 약속의 땅을 떠나는 것은 큰 잘못은 아닙니다. 그러나 엘리멜렉 가족은 잠시 모압에 체류한 것이 아니라 10년을 모압에서 거류하였습니다. 가뭄을 피해 풍족한 땅으로 이주한 지 10년 만에 나오미는 남편과 두 아들을 잃었습니다.

'베들레헴'은 히브리어로 '집'과 '빵'이라는 합성어입니다. 그대로 해석하면 '빵집'입니다. 동네 이름만 들어도 이 동네가 얼마나 윤택하고 풍요로운 동네인지 알 수 있습니다. 그런데 하나님의 '빵집 동네'에 흉년이 들었습니다. 하나님의 땅에 흉년이 들 때, 하나님 백성은 흉년을 주시는 이유를 찾아내야 합니다. 이유를 찾지 못하면 기다려야 합니다. 약속의 땅에 가뭄이 들었다면 하나님 백성은 무엇보다 하나님 백성으로서 삶에 대한 태도를 돌아보아야 합니다.

흉년 때문에 이방 땅을 선택하고, 흉년 때문에 약속의 땅을 떠나는 것은 하나님에 대한 불신앙적 태도입니다. 모압 땅이 아무리 풍족해도 그 땅은 우상과 이방 신을 섬기는 땅입니다. 하나님의 백성이 가서는 안 될 땅입니다. 하나님 백성은 약속의 땅을 떠나면 흉년이 듭니다. 하나님 백성은 흉년이 와도 약속의 땅에 붙어 있어야 삽니다. 하나님께서 돌보시는 땅은 흉년이 들어도 하나님께서 책임지시기 때문입니다.

회복의 지름길은 하나님 안에 거주하는 것이다

"그 사람의 이름은 엘리멜렉이요 그의 아내의 이름은 나오미요 그의 두 아들의 이름은 말론과 기룐이니 유다 베들레헴 에브랏 사람들이더라 그들이 모압 지방에 들어가서 거기 살더니"(룻 1:2)

유다 베들레헴 에브랏 사람 엘리멜렉과 그의 아내 나오미 그리고 두 아들 말론과 기룐이 유다 베들레헴을 떠났습니다. '엘리멜렉'은 '하나님은 왕이시다'라는 뜻이 있습니다. '나오미'는 '기쁨', '희락'을 의미합니다. 두 아들 '말론'과 '기룐'은 '병약함', '부실함'을 의미합니다. 비록 두 아들이 부실했지만 '하나님을 왕'으로 여기는 남편과 늘 기쁨이 넘치는 나오미는 유다 베들레헴에서 남부러울 것 없이 살았습니다.

그런데 이들이 베들레헴 에브랏을 떠나 모압에서 터를 잡았습니다. "거기 살더니"라는 동사 뒤에 몇 년 후에 귀향한다는 기간이 없는 것을 보면 엘리멜렉 가족은 다시 귀향할 생각이 없었던 것으로 보입니다.

룻기 1장 21절의 "내가 풍족하게 나갔더니…"라는 기록으로 보아 엘리멜렉 부부는 베들레헴에서 경제적 기반이 있었던 가정이었습니다. 이들 부부는 베들레헴에서 정리한 재산으로 더 풍족하고 더 윤택한 삶을 살 수 있다고 착각하고, 모압을 택한 것입니다.

흉년이라고 하나님을 떠나고, 더 나은 삶을 위하여 하나님을 떠나고, 시험 들어서 금보다 귀한 믿음을 버리면 금보다 귀한 것을 잃고, 흉년이 찾아오고, 시험에 빠집니다. 흉년이 들어도 하나님 안에 거주하는 것이 회복의 지름길입니다.

물고기가 파란 하늘이 좋다고 물 밖으로 나오면 살 수 없고, 공중의 새가 파란 바다가 멋져보인다고 물속에 들어가면 살 수 없습니다. 물고기는 물에서 살고, 공중의 새는 공중을 날아다니며 사는 것이 창조에 순응하는 것입니다. 이처럼, 하나님의 백성도 하나님의 창조 섭리에 순종하며 살아야 합니다.

인생의 풍년을 살아가려면

"나오미의 남편 엘리멜렉이 죽고 나오미와 그의 두 아들이 남았으며"(룻 1:3)

이고 지고 풍족하게 챙겨 갔지만 모압 땅에서 나오미의 남편이 죽었습니다. 두 아들과 함께 흉년을 피해 떠난 그곳에서 나오미는 첫 번째 흉년을 만났습니다. 모압 땅은 겉으로는 풍요로웠습니다. 그러나 모압은 이방 신을 섬기고, 우상숭배가 만연했던 곳으로, 겉으로는 풍족해 보이지만 속으로는 음란함과, 타락이 넘치는 땅이었습니다.

모압은 아브라함의 조카 롯이 그의 맏딸과의 근친상간을 통해 낳은 아들입니다. 암몬은 롯의 작은 딸이 아버지와 동침해서 낳은 아들입니다. 소돔 성이 멸망할 때, 롯과 두 딸이 소알에서 나와 굴에서 살면서 아버지에게 술을 마시게 하고 두 딸이 아버지와 동침하여 얻은 두 아들이 모압과 암몬입니다. 이렇게 술 취함, 속임, 근친상간을 통해 태어난 롯의 후손이 살던 땅이 바로 모압입니다.

그뿐만이 아닙니다. 출애굽한 이스라엘 민족이 광야에서 방황할 때, 이스라엘 남자들이 모압 여자들의 유혹에 넘어가 바알브올에게 예배하는 사건이 있었습니다. 이 일로 이스라엘은 하나님께 징계를 받았습니다. 모압 땅은 이처럼 이스라엘 사람들을 우상숭배로 넘어지게 했던 땅입니다. 모압은 풍요로운 땅이었지만, 이스라엘 사람이 살기에는 절대 안전하지도, 호락호락하지도 않은 땅이었습니다.

그모스에게 사람을 잡아 제물로 드리고, 걸핏하면 우상을 섬기고, 이스라엘 사람이 상상할 수 없는 일들을 저지르는 모압 땅에서 베들레헴 에브랏 가족이 사는 것은 결코 쉽지 않았습니다. 그래서 엘리멜렉은 병약한 두 아들보다 먼저 죽었습니다.

엘리멜렉이 흉년을 피하기 위해 약속의 땅을 떠났지만 그곳에서 죽었습니다. 모압이 아무리 풍요로워 보여도 그 땅은 하나님 백성이 거류할 땅이 아니었습니다. 하나님 백성은 흉년 때문에 죽지 않습니다. 하나님 백성은 하나님을 떠나면 죽습니다. 상황이나 형편을 바꾼다고 흉년이 나아지는 것이 아닙니다. 흉년이 들어도 하나님의 뜻을 기다리고 인내하면 하나님께서 흉년을 회복시켜주십니다.

그래서 하나님의 백성은 어떤 상황에서도, 어떤 형편에서도 하나님과의 관계를 먼저 점검해야 합니다. 하나님께서 주시는 흉년은 반드시 뜻이 있습니다. 엘리멜렉과 나오미가 떠난 베들레헴에, 하나님께서 다시 풍년을 주셨습니다. 인생의 흉년과 풍년은 내가 조절하는 것이 아닙니다. 모든 것을 섭리하시는 하나님께서 조절하십니다.

> "너를 낮추시며 너를 주리게 하시며 또 너도 알지 못하며 네 조상들도 알지 못하던 만나를 네게 먹이신 것은 사람이 떡으로만 사는 것이 아니요 여호와의 입에서 나오는 모든 말씀으로 사는 줄을 네가 알게 하려 하심이니라"(신 8:3)

하나님 백성은 풍년으로만 사는 것이 아닙니다. 하나님 백성은 '하나님 말씀'으로 삽니다. 하나님께서는 "사람이 떡으로만 사는 것이 아니요(신 8:3)"를 가르치기 위하여 이스라엘에게 40년 광야를 허락하셨습니다. 이스라엘은 40년 광야를 지나는 동안에 매일 하루도 거르지 않고 내려주시는 만나를 먹으면서 사람이 떡으로만 살 수 없음을 철저하게 배웠습니다.

하나님 말씀을 외면하고 떡으로만 살려 했던 나오미는 회복할 수 없는 흉년을 만났습니다. 베들레헴 흉년만 피하면 잘 살 줄 알았는데, 모압에서는 더 큰 흉년이 기다리고 있었습니다. 흉년 때문에 못사는 것이 아닙니다. 흉년을 피한다고 풍족함이 오는 것도 아닙니다. 풍족함을 선택한다고 풍족해지는 것이 아닙니다. 풍족함의 근원이신 하나님을 선택해야 풍족하게 살 수 있습니다. 두 아들이 병약하고 허약해서 못사는 것이 아닙니다. 병약하고 허약해도 하나님만 붙들면 얼마든지 살 수 있습니다.

'맹모삼천지교孟母三遷之教'라는 말이 있습니다. 맹자의 어머니가 맹자의 교육을 위해 세 번 이사했다고 합니다. 자녀 교육 때문에 이사다닐 필요 없습니다. 자녀가 잘되려면 어머니가 할 일이 두 가지입니다. 하나님을 사랑하고 이웃을 사랑하는 자녀로 키우는 것입니다. 이것이 가장 훌륭한 자녀 교육입니다.

하나님을 사랑하는 자녀가 이웃을 사랑합니다. 나만 살겠다고, 나만 흉년을 피한다고 내가 잘사는 것 아닙니다. 내 주위가 흉년인데 나의 풍년이 무슨 의미가 있습니까? 내 덕분에 이웃이 잘 사는 것이 나의 풍년입니다.

내 자녀로 인하여 배고픈 자녀들이 배부르고, 힘들고 지친 친구의 손을 잡아 일으키는 내 자녀 때문에 내 자녀가 속한 공동체가 풍요로워지는 것이 내 자녀가 잘되는 것입니다. 이것이 내 자녀가 인생의 풍년을 사는 비결입니다. 내 자녀가 하나님을 사랑하고, 사람을 사랑할 줄 아는 사람으로 키우는 것이 최고의 자녀교육입니다.

하나님을 떠날 때 축복도 떠난다

> "그들은 모압 여자 중에서 그들의 아내를 맞이하였는데 하나의 이름은 오르바요 하나의 이름은 룻이더라 그들이 거기에 거주한 지 십 년쯤에"(룻 1:4)

남편은 죽었지만 그나마 가져갔던 재산이 있었기에 나오미는 두 아들을 모압 여인들과 결혼시켰습니다. 자식을 위한 일이라면 자기 생명도 아끼지 않는 것이 부모입니다. 그래서 유다 베들레헴 사람이 약속의 땅, 베들레헴을 떠나면 안 되는 줄 알면서도 나오미는 부실한 두 아들을 위해 이방 땅 모압을 선택한 것입니다.

남편은 죽었지만 며느리를 둘이나 얻었습니다. 하나의 이름은 '오르바'요, 하나의 이름은 '룻'입니다. '오르바'는 '돌아가다'는 의미요, '룻'은 '친구', '우정'이라는 의미입니다. 부실한 아들 둘 다 결혼시켰으니 불행 중 다행입니다.

그러나 다행도 잠깐! 결국 두 아들이 모압 땅에서 10년을 넘기지 못하고 다 죽었습니다. 나오미는 모압 땅에서 두 번째 흉년을 맞았습니다. 생명처럼 아끼던 두 아들도 모두 죽었습니다. 두 아들 사는 것 보려고 낯설고 물선 땅에 왔는데 하나도 아니고 둘 다 죽었습니다.

한 아들은 병들어서 죽고, 한 아들은 허약해서 죽고, 남편은 모압살이 힘들어서 죽었습니다. 두 아들이 결혼한지 10년이 되었건만 자식을 보지 못하고 죽었습니다.

흉년이 들어도, 두 아들이 부실해도 유다 베들레헴 땅에 살 때가 축복이었습니다. 돌이켜보면 모압을 선택한 것이 백 번 만 번 잘못입니다. 흉년이 들었어도 베들레헴을 떠나지 말아야 했습니다.

베들레헴의 기업을 다 정리하면서 풍족한 재산만 있으면 어딜 가든지 잘살 수 있다고 생각했는데, 부실한 아들 결혼만 하면 나아질 것으로 생각했는데, 그래서 모압을 선택했는데 두 아들 죽고, 두 며느리 청상과부 만들었습니다.

세상의 풍족함을 위하여 하나님을 떠날 때가 하나님의 축복도 떠나는 때임을 명심해야 합니다.

인생을 부풀게 할 나머지

"말론과 기룐 두 사람이 다 죽고 그 여인은 두 아들과 남편의 뒤에 남았더라"(룻 1:5)

한 여인이 한 남자를 만나 결혼한다는 것은 단순히 '둘이 함께 산다'라는 의미 이상입니다. 한 여인에게 있어 결혼은 서로 한 몸을 이루며, 서로 돕는 배필로, 가정을 이루어 하나님의 창조를 계승한다는 놀라운 의미가 있습니다. 하나님은 결혼을 통하여 지금까지 온 인류가 생육하고, 번성하고, 충만하게 온 땅에 퍼지게 하였습니다. 결혼은 온 인류의 계보를 잇는 축복의 통로로 하나님께서 세우신 제도입니다. 그래서 부부가 배우자를 상실하면 인생 전체가 흔들리는 고통을 겪습니다.

나오미가 이방 땅 모압에서 남편을 잃었지만, 간신히 일어나 두 아들을 결혼시켰습니다. 그런데 그 두 아들마저 죽었습니다. 이제는 한 몸을 이루는 배필뿐 아니라 하나님의 창조를 계승할 아들마저 죽었습니다. 나오미는 한 여인이 기뻐할 수 있는 모든 조건을 잃었습니다. 나오미를 지탱해주는 인생의 기둥들이 모두 무너졌습니다. 남편과 아들은 돈으로도, 노력으로도 어떤 무엇으로도 세울 수 없는 인생의 기둥입니다. 이 기둥이 무너지면 인생을 회복하는 것이 거의 불가능합니다.

5절 말씀에 주의를 집중해야 할 두 개의 단어가 있습니다. 5절을 시작하는 첫 단어 "죽고"와 5절 후반절을 시작하는 단어 "남았더라"입니다. "죽고"는 히브리어로 '무트'입니다. 이는 '죽다', '일찍 죽다'는 뜻입니다.

후반 절 "남았더라"는 히브리어로 '솨아르'입니다. '솨아르'의 본래 의미는 '부풀다', '여분이 있다', '남다'는 뜻입니다.

남편이 죽고 아내에서 과부로, 두 아들이 죽고 어머니에서 자식이 없는 여자로, 남성 위주의 사회에서 남편과 아들이 주는 안전함을 잃고, 자손을 통해 부여될 노년의 축복을 잃고, 이방 땅에서 객이 된 나오미에게 남은 것은 무엇일까요?

한 여인의 삶의 의미가 모두 죽었음에도 불구하고, 나오미에게 '남은 것'이 하나 있었습니다. 나오미 인생을 지탱할 기둥이 모두 무너졌지만, 나오미를 '부풀게 하는 '여분'이 남아 있었습니다.

과부 시어머니가 지금 임신을 하고 아들을 낳는다 해도 그것이 세 과부에게 희망이 될 수 없습니다. 두 과부 며느리가 모두 과부 시어머니를 따라 베들레헴에 가서 든든한 기둥이 된다 해도 세 과부의 앞날은 막막합니다. 그러나 희망이 없고, 막막한 나오미를 '부풀게 할 나머지'가 있었습니다.

모든 것이 내 손을 떠나가고, 내 힘으로 회복할 수 있는 것이 아무것도 없어도, 살아 있는 한 우리에게 남은 것이 있습니다. 내 노력으로, 내 힘으로 될 수 있는 것이 아무것도 없어도 그래도 나를 '부풀게 할 나머지'는 있습니다.

언제든지 누구든지 그 인생을 '부풀게 할 나머지'는 '선택의 기회'입니다. 누구든 어떤 상황이든 숨이 막히고 불행해서 절대 회복되지 않을 것 같은 그때에도 하나님을 선택하는 사람은 결코 무너지지 않습니다.

정신과 의사였던 빅터 프랭클(Viktor Emil Frankl)은 제2차 세계 대전 때 유대인이라는 이유만으로 전 재산을 나치에게 몰수당하고, 그의 사랑하는 가족은 나치에 죽임을 당했습니다. 나치에게 재산 뺏기고, 가족 뺏기고, 결국 빅터 프랭클은 수용소에 끌려갔습니다. 아우슈비츠 등 4곳의 수용소에서 지내는 동안 빅터 프랭클은 놀라운 의미를 깨달았습니다. 빅터 프랭클은 "인간에게 모든 것을 빼앗아갈 수 있어도 단 한 가지, 마지막 남은 인간의 자유, 주어진 환경에서 자신의 태도를 결정하고, 자기 자신의 길을 선택할 수 있는 자유만은 빼앗아 갈 수 없다."라는 것을 깨달았습니다.

수용소 경험을 토대로 그는 '로고 테라피(logotherapy)'라는 심리치료법을 개발해냈습니다. '로고 테라피'는 어떤 상황에서도 '삶의 의미를 알면 살 수 있다'는 '의미요법'입니다. 이 치료법으로 수많은 사람들이 삶의 의미를 찾고 회복되었습니다. 그가 수용소에서 깨달은 의미를 토대로 쓴 책이 『죽음의 수용소에서』입니다.

하나님의 자녀는 어떤 상황에서든지 그 상황을 향한 하나님의 뜻을 깨닫고, 하나님께 돌아가면 살 수 있습니다. 어떤 상황인지, 얼마나 심각한 상황인지는 그리 중요하지 않습니다. 내가 얼마나 진실되게 하나님께로 돌아가는지가 중요합니다. 나의 '지知, 정情, 의義'가 하나님께 돌아가기로 선택할 때, 나의 '죽고'는 더 이상 '마라'(쓴물)가 아닙니다. 나의 '남았더라'는 다시 희망이 부푸는 출발점이 됩니다.

하나님을 선택할 기회는 항상 남아 있다

모든 것을 잃고, 완전히 빈손 된 나오미에게 아무도 빼앗을 수 없는 기회가 남아 있었습니다. 하나님께 돌아가기로 선택할 수 있는 기회입니다. 하나님의 백성은 하나님께 돌아가면 삽니다. 하나님을 선택할 자유는 언제나 누구에게나 항상 남아 있습니다. 우리가 하나님을 선택할 때 하나님은 항상 준비되어 계십니다.

누가복음 15장 기록을 보면 둘째 아들이 집을 나가 허랑방탕하게 아버지 유산을 탕진하고 있을 때, 아버지는 막연하게 아들을 기다리지 않았습니다. 아들이 집을 나간 후, 아버지는 아들을 위하여 제일 좋은 옷, 신발, 반지를 준비하고 기다렸습니다. 아들이 아버지의 유산을 모두 탕진하고 돌아왔을 때, 아버지는 아들이 어디서 무엇을 하다 돌아왔는지 묻지 않았습니다. 아버지는 당황하거나 화를 내지도 않았습니다. 아버지는 빈손 된 아들을 여유롭게 맞이하였습니다. 아들을 위하여 이미 풍족하게 준비했기 때문입니다.

우리가 하나님을 떠날 때, 하나님은 우리가 돌아오기를 그냥 기다리지 않습니다. 우리를 '부풀게 할 나머지'를 예비하고 기다리십니다. 그 하나님을 우리는 '여호와 이레'로 부릅니다.

하나님의 백성은 모든 선택의 중심에 내가 아니고 하나님이 되어야 합니다. 내 생각이 백번 옳은 것 같아도 '나' 중심이 되면 결국 후회하고, 인생의 흉년이 옵니다. 흉년을 피하려면 생수의 근원이 되신 하나님께 돌아가야 합니다.

하나님은 결코 흉년이 들지 않습니다. 흉년이 와도 하나님께 붙어 있어야 흉년을 피할 수 있습니다. 하나님께 붙어 있는 것이 흉년을 피하는 길입니다. 모든 것을 잃었다 해도 하나님을 선택할 수 있는 기회는 항상 남아 있습니다.

"말씀이 육신이 되어 우리 가운데 거하시매 우리가 그의 영광을 보니 아버지의 독생자의 영광이요 은혜와 진리가 충만하더라"(요 1:14)

모든 흉년 가운데 있는 인생들을 위하여 하나님께서 자기 아들을 보내셨습니다. 하나님의 말씀으로 우리 가운데 거주하시는 예수님은 우리를 부풀게 할 나머지입니다. 우리가 하나님을 선택하고 하나님께 돌아갈 때, 하나님은 우리의 인생을 '부풀게 할 나머지'를 충분하게 준비하시고 우리를 기다리십니다. 우리 예수님은 우리의 인생이 다시 풍년으로 회복되도록 우리를 은혜와 진리로 넘치게 하십니다.

돌아가라

(룻 1:6-18)

무엇을 선택하는 것은 동시에 다른 것을 포기하는 일이다

우리나라 20대, 30대 남녀 10명 중 7명은 사소한 결정에도 어려움을 느낀다고 합니다. '오늘 점심은 뭘 먹을까?'로부터 시작해서 '오늘은 지하철로 갈까?', '버스로 갈까?', '집에 바로 들어갈까?', '커피를 마신 후 들어갈까?'등. 이렇게 일상생활에서 사소한 선택까지도 어려워한다고 합니다. 오죽하면 자신이 먹을 저녁 메뉴를 추천해달라는 신종 줄임말로 '저메추'란 단어가 유행할까요?

이처럼 선택이 어려운 이유는 뭔가를 선택한다는 것은 동시에 뭔가를 포기하는 일이기 때문입니다.

쉬나 아이엔가 교수는 그의 저서 『쉬나의 선택 실험실』에서 24종류의 잼을 진열했을 때와 6종류의 잼을 진열했을 때 식품점 시식 코너의 매출을 비교했습니다. 실험 당사자도 상품이 많이 진열된 쪽의 매출이 높을 거라고 예상했지만, 상품을 적게 진열한 쪽의 판매량이 10배 이상 많았습니다. 쉬나 아이엔가 교수는 사람들이 선택하는 것을 주저하는 두 가지 이유를 들었습니다. 첫째, 사람들은 대부분 많은 선택지가 있을 경우 필요 이상으로 정신적 부담을 느끼고, 둘째, 잘못된 선택을 하여 후회하게 될까봐 주저하기 때문이라고 하였습니다.

우리는 매일 수없이 많은 선택을 하고, 많은 것을 포기하며 살아갑니다. 무엇을 선택한다는 것은 동시에 무엇을 포기하기로 결정하는 것입니다. 어떤 사람은 새벽 기도를 위해서 꿀 같은 잠을 포기하고, 밤늦게 일하는 것을 포기합니다. 어떤 사람은 밤늦게 유튜브(Youtube)나 스마트폰을 보다 새벽기도를 포기합니다. 어떤 사람은 육적인 것을 위해서 영적인 것을 포기하고, 어떤 사람은 하나님을 선택하고, 세상을 포기합니다.

솨마! 쿰! 슈브! 듣고, 일어나서, 돌아오다

"그 여인이 모압 지방에서 여호와께서 자기 백성을 돌보시사 그들에게 양식을 주셨다 함을 듣고 이에 두 며느리와 함께 일어나 모압 지방에서 돌아오려 하여"(룻 1:6)

이방 땅 모압에서 10년 만에 남편 죽고, 아들 죽고, 모든 것을 잃은 나오미가 베들레헴 소식을 들었습니다. '하나님께서 베들레헴에 사는 자기 백성을 돌아보시고 양식을 주셨다'라는 소식입니다. 흉년이 들었을 때나 풍년이 들었을 때나 베들레헴은 여전히 하나님께서 돌보시는 약속의 땅이었습니다. 그래서 나오미가 두 며느리와 함께 일어나 베들레헴으로 돌아가기로 결심하였습니다. 베들레헴에 풍년이 들어서 돌아가는 것이 아닙니다. 모압 땅도 풍족한 땅이니 젊은 과부 며느리 둘하고 세 과부가 열심히 일하면 살 수는 있습니다.

나오미는 모든 것을 다 잃고 난 후, 모압을 선택한 것이 옳지 않았음을 알게 되었습니다. 베들레헴을 떠나지 말라고 하신 하나님 말씀이 옳았습니다. 모압은 나오미가 있어야 할 땅이 아니었습니다.

6절 말씀에서 중요한 동사가 3개 나옵니다. '일어나다', '돌아가다', '듣다'입니다. 6절 말씀은 구약성경 원어인 히브리어 '쿰'동사로 시작됩니다. 첫 번째 동사 '쿰'은 '일어나다'는 동사입니다. 구약성경에서 모두 594번 나옵니다. 두 번째 동사 '슈브'는 '돌아가다'는 동사입니다. 구약성경에서 모두 953번 나옵니다. 세 번째 동사는 '솨마'는 '듣다'입니다. 구약성경에서 모두 1073번 나옵니다. 이 세 가지 동사는 구약성경에서 매우 중요한 동사입니다. 그래서 꼭 기억해야 합니다.

히브리어 '쿰'(일어나다), '슈브'(돌아오다), '솨마'(듣다) 이 세 개의 동사가 하나님을 향하면 '하나님 말씀을 듣고, 하나님을 향하여 일어나서, 하나님께 돌아가다'는 의미입니다. 나오미가 하나님 말씀을 들었기에, 돌아가려는 마음이 들었고, 하나님을 향하여 일어났습니다. 아무것도 희망할 수 없는 상황에서 나오미가 비로소 방향을 찾았습니다.

"주의 말씀은 내 발에 등이요 내 길에 빛이니이다"(시 119:105)

하나님 말씀이 나오미의 갈 길을 비추고, 하나님의 약속이 나오미 발에 등불이 되었습니다. 하나님의 백성은 모든 것을 다 잃었어도 하나님 말씀을 듣고, 하나님을 향하여 일어나서, 하나님께로 돌아가면 삽니다. 재산 다 잃고, 남편 죽고, 두 아들 죽었는데 어디로 돌아가겠습니까? 돌아갈 곳이 없습니다. 그러나 하나님 말씀이 들렸기에 베들레헴을 향하여 일어났고, 약속의 하나님께 돌아가기로 선택했습니다.

돈이 있다고, 능력이 있다고, 도울 사람이 많다고 인생의 흉년이 회복되는 것은 아닙니다. '베들레헴을 떠나지 말라'는 하나님 말씀을 붙들어야 인생의 흉년을 극복할 수 있습니다. 흉년이 들어서 못사는 것이 아닙니다. 풍년이 들어도 하나님 말씀을 떠나면 인생의 가뭄이 옵니다. 외적인 상황이나 환경보다 중요한 것은 하나님을 향한 내적인 신뢰입니다. 하나님을 신뢰할 때, 인생이 풍요로워집니다.

"여호와께 피하는 것이 사람을 신뢰하는 것보다 나으며
여호와께 피하는 것이 고관들을 신뢰하는 것보다 낫도다"(시 118:8-9)

'나으며', '낫도다'는 히브리어로 '토브'입니다. 이 단어는 '더 좋다'는 형용사입니다. 히브리어는 최상급이 없기 때문에 여기에서 '나으며', '낫도다'라는 반복적인 사용은 '가장 좋다'는 의미입니다. 어떤 상황에서든 하나님께 피하는 것이 가장 좋은 선택입니다.

"너는 마음을 다하여 여호와를 신뢰하고 네 명철을 의지하지 말라"(잠 3:5)

좁은 소견이나 판단이 하나님을 신뢰하는 것을 방해하지 않도록 마음과 생각과 뜻을 내려놓는 훈련이 필요합니다.

있던 곳에서 나오는 세 과부

"있던 곳에서 나오고 두 며느리도 그와 함께 하여 유다 땅으로 돌아오려고 길을 가다가"(룻 1:7)

베들레헴은 나오미의 고향입니다. 그러나 모압에서 태어나 모압에서 자라고, 모압에서 결혼한 두 며느리들에게 베들레헴은 낯선 타향입니다. 이스라엘 규례를 잘 모르는 두 며느리들, 청상과부인 룻과 오르바에게 베들레헴은 만만한 땅은 아니었습니다.

모압 땅은 두 며느리의 친정이 있는 땅입니다. 비록 남편을 여의었지만 그래도 과부가 살기에는 친정이 있는 곳이 낫습니다. 결혼한 여성에게 친정은 마음의 기둥입니다. 어렵고 힘들 때 기댈 수 있는 곳이 친정입니다. 청상과부 며느리들에게는 베들레헴보다 친정이 있는 모압 땅이 더 안전해 보입니다. 친정에서 나오는 것은 두 과부에게는 어머니의 품을 떠나는 것보다 더 두려운 일입니다.

'나와야'는 히브리어로 '야차'입니다. 이는 '빠져나오다'는 동사입니다. 이 동사가 단수로 사용되었습니다. 단수로 사용되었다는 것은 세 과부의 마음이 각기 달랐다는 의미입니다. 세 과부가 길 위에 서긴 했지만, 아직 서로의 마음이 확인이 되지 않았습니다. 세 과부가 발은 모압에서 나왔지만 아직 마음이 나오질 못했습니다. 몸은 떠나도 마음은 떠날 수 없는 곳이 친정입니다. 세 과부의 마음이 이렇게 제각각이었습니다.

여하튼 세 사람이 이 길을 계속 걸어가면 베들레헴에 도착합니다. '길'은 히브리어로 '데레크'입니다. 구약성경에서 '길'이란 단순한 의미를 넘어 '한 사람의 생의 여정', '삶의 방향'을 의미합니다. 이 길은 세 과부의 운명을 결정하는 길이었습니다.

그래서 나오미는 운명의 길 위에서 많은 생각을 했습니다. 청상과부가 된 두 며느리가 베들레헴으로 간다고 해서 두 며느리가 결혼할 가능성이 많아지는 것이 아니었습니다. 베들레헴은 오히려 청상과부인 룻과 오르바에게 더 혹독한 시련이 기다리고 있을지도 모르는 땅이었습니다. 결심한 듯 단호히 일어나는 시어머니를 따라가겠다고 나섰지만, 시어머니도 두 며느리도 홀가분하게 툴툴 털고 나설 수 있는 길은 아니었습니다.

청상과부 며느리 둘 앞세우고 길을 가는 시어머니 나오미의 마음은 오죽할까요? 이방 며느리들이었지만 고부간에 서로 힘이 되고, 의지가 되었습니다. 그러나 과부 시어머니 살겠다고 두 며느리를 앞세우고 베들레헴에 간다는 것은 나오미의 마음이 내키지 않았습니다. 그래서 길 위에 선 채 나오미는 생각에 잠겼습니다.

'함께 떠나야 할지! 혼자 떠나야 할지!'

빈손이라도 얼마든지 하나님의 축복을 빌 수 있다

"나오미가 두 며느리에게 이르되 너희는 각기 너희 어머니의 집으로 돌아가라 너희가 죽은 자들과 나를 선대한 것 같이 여호와께서 너희를 선대하시기를 원하며"(룻 1:8)

많은 생각을 한 끝에, 나오미가 두 며느리에게 말합니다.

"너희는 친정으로 돌아가거라."

함께하면 서로 의지가 될 것은 분명합니다. 그러나 젊은 나이에 과부된 것도 인생의 큰 짐인데 젊은 과부가 나이 든 과부 시어머니를 모시고 사는 것은 짐 위에 짐을 보태는 일입니다. 그래서 나오미가 두 며느리에게 "돌아가라"고 하였습니다. "돌아가라"는 히브리어로 '레케나 쇼베나' 두 개의 단어로 이루어져 있습니다. 이 동사는 '가다'라는 '얄라크'와 '돌아오다'라는 '슈브' 두 개로 이어진 단어입니다.

이 말은 '너희는 가라, 너희는 돌아가라'는 말입니다. 두 며느리가 친정으로 돌아가기를 간절히 원하는 마음으로 하는 말입니다. 두 며느리에게 더 이상 '마라'가 되고 싶지 않아서 하는 말입니다. 지금 돌아가야 두 며느리들이 다시 행복한 삶을 살 수 있다고 생각했기에 돌아가라고 한 것입니다.

병약한 남편들을 지극 정성으로 돌보고, 과부 시어머니를 지극 정성으로 모신 두 며느리에게 빈손 된 과부 시어머니가 해줄 것은 아무것도 없었습니다. 해줄 수 있는 것은 단 하나, 두 며느리를 친정으로 돌려보내는 것입니다. 그것이 두 며느리에게 보답하는 길이었습니다. 고맙지만 아무것도 해줄 것이 없는 나오미는 하나님께서 두 며느리를 선대해주시기를 빌었습니다.

'선대하다'는 히브리어로 '헤세드'입니다. '헤세드'는 약한 자가 곤궁에 처했을 때, 강한 자가 그럴 의무가 없음에도 불구하고 자발적으로 보이는 '충성'을 의미합니다. 일반적인 충성은 약자가 강자에게 보이는 헌신의 표이지만, '헤세드'는 강자가 약자에게, 그리고 하나님께서 연약한 인간에게 베푸는 '은혜'입니다.

빈손 된 과부 시어머니가 과부 며느리에게 해줄 수 있는 최고의 축복은 전능자이신 하나님의 '헤세드'를 빌어주는 것입니다. 하나님의 '헤세드'는 청상과부 두 며느리가 새로운 삶을 살 수 있는 은혜입니다. '빈손'이라고 아무것도 할 수 없는 것이 아닙니다. 빈손이라도 얼마든지 하나님의 축복을 빌 수 있습니다. '하나님의 헤세드'를 구하는 나오미의 '빈손'을 하나님은 결코 외면하지 않으십니다.

모두 마음이 아프다

"여호와께서 너희에게 허락하사 각기 남편의 집에서 위로를 받게 하시기를 원하노라 하고 그들에게 입 맞추매 그들이 소리를 높여 울며

나오미에게 이르되 아니니이다 우리는 어머니와 함께 어머니의 백성에게로 돌아가겠나이다 하는지라"(룻 1:9-10)

남편은 잃었어도 시어머니가 있었기에 의지가 되었던 며느리들입니다. 아들은 잃었어도 두 며느리가 있었기에 위로가 되었던 시어머니입니다. 세 과부가 서로의 의지와 위로를 모두 내려놓고, 냉정하게 선택해야 할 길 위에 섰습니다. 시어머니는 이미 마음을 결정하였습니다. 두 며느리가 친정으로 돌아가는 것이 나오미와 함께하는 것보다 위로가 될 것이라고 마음을 굳혔습니다.

길은 보이는데 그 길이 참 슬픈 길입니다. 각자 나은 길을 선택해 가자니 서로 이별을 해야 하고, 세 과부가 함께 사는 길을 택하자니 그것 또한 쉽지 않아 보입니다. 어떤 대답도, 어떤 결정도 모두 마음이 아픈 상황입니다. 세 과부가 서로를 끌어안고 엉엉 소리를 내어 울었습니다.

길을 못 찾아서 우는 것이 아닙니다. 길은 찾았지만 마지막 선택한 그 길도 희망이 보이지 않기에 서로를 끌어안고 우는 것입니

다. 시어머니의 만류에도 불구하고 두 며느리가 다시 결단을 하였습니다. 남편 없이 낯선 타향에서 사는 것이 두렵지만 그래도 처지가 같은 세 과부가 함께 베들레헴으로 가기로 결정하였습니다.

그렇지 아니하니라

"나오미가 이르되 내 딸들아 돌아가라 너희가 어찌 나와 함께 가려느냐 내 태중에 너희의 남편 될 아들들이 아직 있느냐

내 딸들아 되돌아가라 나는 늙었으니 남편을 두지 못할지라 가령 내가 소망이 있다고 말한다든지 오늘 밤에 남편을 두어 아들들을 낳는다 하더라도

너희가 어찌 그들이 자라기를 기다리겠으며 어찌 남편 없이 지내겠다고 결심하겠느냐 내 딸들아 그렇지 아니하니라 여호와의 손이 나를 치셨으므로 나는 너희로 말미암아 더욱 마음이 아프도다 하매"(룻 1:11-13)

한사코 같이 가겠다는 두 며느리를 만류하며 긴긴날 남편 없이 과부로 살아갈 생각은 꿈도 꾸지 말라고 말합니다. 가부장 사

회에서 과부라는 너울은 평생 짊어져야 할 큰 짐입니다. 젊은 여성이 과부로 산다는 것, 남편 없이 홀로 산다는 것은 결심만으로 되는 일도 아닙니다. 나오미를 따라간다면 평생 과부 너울을 벗지 못할지도 모릅니다. 혹 나오미가 그날 밤 재혼하여 두 아들을 낳는다 해도 그 아들들이 장성하면 두 며느리는 할머니가 됩니다. 그러나 그런 일마저 결코 일어나지 않을 것입니다.

나오미는 남편을 잃고 두 아들마저 잃은 것은 자신을 향한 하나님의 징계라고 믿었습니다. 나오미는 두 며느리가 과부가 된 원인을 자신에게서 찾았습니다. 두 며느리가 나오미를 만나지 않았더라면 두 며느리가 과부되는 일이 없었을지도 모릅니다. 그래서 나오미가 마음이 더 아픕니다.

나오미는 징계받은 시어머니를 떠나야 두 며느리들도 새로운 인생을 살 수 있다고 생각했습니다. 자신에게는 아무런 소망이 없지만 젊은 며느리들에게는 새로운 기회가 있기를 소원하는 시어머니의 마음입니다. 한사코 과부 시어머니 따라가겠다는 두 며느리에게 나오미는 "그렇지 아니하니라."고 결론을 내렸습니다.

자신의 운명이 너무 쓰라려서 더 이상 두 며느리와 함께할 수 없다는 결론입니다. 쓰라린 시어머니를 따라가기보다 쓰라린 시어머니를 떠나는 것이 시어머니에게나 두 과부 며느리에게나 현명한 선택이라는 의미입니다.

어쩔 수 없는 상황에서 부부가 그 길만이 두 부부가 살 수 있는 선택이라고 마지못해 이혼하는 예도 있습니다. 어머니가 자식을 버리고 떠나면서 그것이 자식을 살리는 길이라고 여깁니다. 이것은 결코 바른 선택이 아닙니다. 그릇된 선택입니다. 어떤 상황에서도 부부가 끈끈하게 하나가 되면 결국 이겨냅니다. 어머니가 자식을 생명처럼 품으면 자식을 살립니다.

고난은 버리는 것이 아닙니다. 버린다고 고난이 떠나는 것도 아닙니다. 고난은 짊어지는 것입니다. 고난을 짊어지고 고난을 품으면 고난의 꽃이 피고 고난의 열매가 맺힙니다. 예수님께서 십자가를 짊어지셨기에 부활의 꽃이 피었습니다.

모압을 포기하고 베들레헴을 선택하는 룻

"그들이 소리를 높여 다시 울더니 오르바는 그의 시어머니에게 입 맞추되 룻은 그를 붙좇았더라

나오미가 또 이르되 보라 네 동서는 그의 백성과 그의 신들에게로 돌아가나니 너도 너의 동서를 따라 돌아가라 하니" (룻 1:14-15)

나오미의 설득을 들은 후, 며느리 오르바는 시어머니에게 입

을 맞추고 떠났습니다. 시어머니를 떠나야 '마라'같은 운명이 회복될 것이라는 희망으로 떠난 것이 아닙니다. 친정으로 돌아가면 더 편히 살 것 같아서도 아닙니다. 오르바는 이도 저도 희망이 없기에 어찌할 바 모르며 떠났습니다.

그러나 룻은 동서가 돌아가는 것을 보고 오히려 시어머니를 더 붙들었습니다. "붙좇았더라"는 히브리어로 '따바크'입니다. 이는 '들러붙다', '연합하다'는 동사입니다. 이 동사가 창세기 2장 24절에 기록된 '합하여'와 같은 동사입니다.

> "이러므로 남자가 부모를 떠나 그의 아내와 합하여 둘이 한 몸을 이룰지로다"(창 2:24)

애절하게 시어머니를 붙드는 룻에게 나오미가 '네 동서처럼 너도 네 백성과 네 신에게 돌아가라'하며 말렸습니다. 오르바가 자기 백성과 자기의 신들에게로 돌아간 것이 서운해서 한 말이 아닙니다. 오르바가 자신을 위한 선택을 한 것처럼, 룻도 자신을 위한 선택을 하라는 말입니다. 이는 시어머니가 며느리에게 해줄 수 있는 최고의 배려입니다.

그러나 오르바가 떠나는 것을 보고, 룻은 더 확고하게 마음을 정하였습니다. 결혼한 부부가 한 몸이 되어 살아가듯 룻은 모압 친정을 떠나 시어머니와 운명을 같이하기로 결단한 것입니다.

어머니의 하나님이 나의 하나님이 되시고

"룻이 이르되 내게 어머니를 떠나며 어머니를 따르지 말고 돌아가라 강권하지 마옵소서 어머니께서 가시는 곳에 나도 가고 어머니께서 머무시는 곳에서 나도 머물겠나이다 어머니의 백성이 나의 백성이 되고 어머니의 하나님이 나의 하나님이 되시리니"(룻 1:16)

룻의 찬가

어머니를 떠나며
어머니를 따르지 말고 돌아가라 강권하지 마옵소서
어머니 가시는 곳에 나도 가고
어머니 머무시는 곳에서 나도 머물고
어머니 백성이 나의 백성이 되고
어머니 하나님이 나의 하나님이 되시고.

Don't urge me to leave you
or to turn back from you.
Where you go I will go
and where you stay I will stay.

Your people will be my people

and your God my God.

(New International Version)

룻은 자신이 가야 할 곳, 머물러야 할 곳을 분명히 알았습니다. 룻은 앞으로 자신이 함께해야 할 사람들이 누구이며, 어떤 신을 섬겨야 하는지 분명히 알았습니다. 룻이 이렇게 방향을 정하고 조금도 흔들리지 않았던 이유는 어머니의 하나님을 자신의 하나님으로 섬기기로 굳게 결심했기 때문입니다.

'가다'와 '머물다'가 히브리어 문법으로 보면 모두 '칼 동사 미완료'형으로 사용되어 시어머니와 계속 함께하겠다는 룻의 굳은 의지를 보여줍니다. 룻에게 어머니의 하나님은 단순히 이스라엘의 하나님이 아니셨습니다. 어머니의 하나님은 모든 것을 잃은 나오미를 분연하게 일어서게 하시는 하나님이셨습니다. 그래서 룻은 어머니의 하나님을 선택한 것입니다. 룻이 엄청난 희생과 모험을 각오하는 것은 어머니의 하나님을 분명하게 신뢰했기 때문입니다.

친정이 있는 모압을 떠나 베들레헴에서 살겠다는 결단, 자기 신을 버리고 어머니의 신을 섬기겠다는 결단은 확고한 신뢰가 없으면 불가능합니다. 모압의 신들을 떠나고, 모압 민족을 떠나고, 모압 친정을 떠나 시어머니와 함께 가겠다는 결정은 룻 자신의 인생을 건 결단입니다.

모압에서 남편을 잃고, 두 아들을 잃고, 가진 재산도 없이 빈손인 시어머니가 자신의 고향 땅 베들레헴으로 돌아가겠다고 일어나는 모습을 보며, 룻은 어떤 신을 섬겨야 하는지 알았습니다. 더 이상 잃을 것 없는 과부 시어머니를 일으키시는 하나님이시라면 룻은 자신의 인생도 충분히 맡길 수 있다고 믿었습니다.

죽음을 두고 맹세하는 사랑

"어머니께서 죽으시는 곳에서 나도 죽어 거기 묻힐 것이라 만일 내가 죽는 일 외에 어머니를 떠나면 여호와께서 내게 벌을 내리시고 더 내리시기를 원하나이다 하는지라"(룻 1:17)

아무것도 가진 것이 없는 시어머니를 따라 시어머니의 고향으로 가서 시어머니가 죽기까지 평생을 시어머니와 함께 살겠다는 룻의 결심이 조금도 흔들림이 없습니다. 홀로서기도 버거운 청상과부 룻이 자신뿐 아니라 나이 든 시어머니까지 돌보겠다고 선택하였습니다. 그것도 평생 시어머니를 돌보고 시어머니를 돌보지 못할 상황이 된다면 하나님께 벌을 받겠다고 하나님 앞에서 엄숙하게 맹세하였습니다. 지난날 청상과부로 살았던 길은 돌아보면 다시 걷고 싶지 않은 길이었습니다. 그럼에도 불구하고 그 길을 다시 걷겠다고 룻이 자원하는 이유는 무엇일까요?

룻이 평생 시어머니를 책임지겠다고 자원하는 이유는 그것이 평생 하나님을 사랑하는 일이기 때문입니다. 그래서 룻은 조금도 흔들림 없이 여호와 앞에서 죽음을 두고 맹세하였습니다. 어머니의 하나님을 사랑하는 것은 곧 시어머니를 내 몸같이 사랑하는 것입니다. 하나님을 사랑하는 것은 말로만 되는 것이 아닙니다. 평생을 두고 시어머니를 사랑하는 것이 평생 하나님을 사랑하는 것입니다.

평생을 행함과 진실함으로 이웃을 내 몸과 같이 사랑하는 것이 평생 행함과 진실함으로 하나님을 사랑하는 일입니다.

모든 위험을 감수하겠다는 며느리

"나오미가 룻이 자기와 함께 가기로 굳게 결심함을 보고 그에게 말하기를 그치니라"(룻 1:18)

룻이 얼마나 단호한지 말릴 수가 없었습니다. 룻의 결연한 태도 앞에서 더 이상 말이 필요 없었습니다. 남편과 아들을 모두 잃어버리고 아무것도 남은 게 없다고 생각했는데 아들보다 더 귀한 며느리가 나오미 곁에 남아 있었습니다.

아무 희망도 없는 상황에서, 아무것도 붙들 수 없을 때, 시어머니의 하나님을 믿고 따라가겠다는 며느리가 곁에 있으니 나오미도 완전히 실패한 것이 아닙니다. 자기 가족, 친척, 신까지 버리고, 지금까지 자신의 울타리를 버리고, 언어, 풍습, 사고방식, 가치관이 전혀 다른 환경에 자신을 내맡기고, 그로 인해 떠안아야 할 모든 위험을 감수하겠다는 며느리를 보며 나오미는 자신이 결코 혼자가 아님을 깨달았습니다.

오르바는 자기가 섬겼던 신에게로 돌아갔습니다. 10년 동안 하나님을 섬기는 시어머니를 모셨고 이스라엘 사람인 남편과 함께 살았지만, 결국 오르바는 베들레헴을 포기하고 모압을 선택했습니다.

그러나 룻은 10년 동안 베들레헴 유다 사람들과 살면서 만났던 하나님을 선택하고 자신의 고향, 친정부모를 포기하였습니다. 자기 백성과 모압을 포기하고 룻은 어머니와 함께 살기 위하여 베들레헴을 선택하였습니다. 칠흑 같은 어둠에서 일어나 베들레헴으로 돌아가는 시어머니와 평생을 함께하기 위하여 자신을 위한 모든 조건을 포기하고 하나님을 선택하였습니다.

우리는 건강하고, 성공하고, 행복하고 뭔가 잘되면 복음이 잘

전해질 것이라고 생각합니다. 그러나 세상은 우리가 극한의 상황에서 하나님을 선택하는 것을 보고 소망을 가집니다.

> "인자가 온 것은 섬김을 받으려 함이 아니라 도리어 섬기려 하고 자기 목숨을 많은 사람의 대속물로 주려 함이니라"(막 10:45)

우리는 건강하고, 성공하고, 행복하기 위하여 예수님을 믿는 것이 아닙니다. 우리를 살리시기 위하여 자신의 목숨을 십자가의 대속물로 내어 주신 예수님을 믿는 것입니다. 예수님이 마지못해 십자가를 지신 것이 아니라 기꺼이 자원하셔서 십자가를 지셨기에 우리가 살게 되었습니다. 우리가 예수님을 선택할 때 우리는 더 이상 혼자가 아닙니다.

이르렀다

(룻 1:19-22)

베들레헴, 전능자 하나님께서 약속하신 땅

두 과부가 굳게 결심하고 베들레헴으로 향하였습니다. 한사코 말렸지만, 나오미가 룻의 마음을 되돌리지는 못하였습니다. 이제는 죽어도 같이 죽고, 살아도 같이 살아야 하는 운명이 되었습니다. 두 사람은 베들레헴이라는 같은 길 위에 섰습니다. 나오미가 베들레헴으로 돌아가는 것은 고향이기 때문이 아닙니다. 다 잃고 갈 곳이 없어 돌아간 것도 아닙니다.

'마라'가 되어 베들레헴으로 돌아가는 것은 어쩌면 모압 땅에서 그럭저럭 사는 것보다 더 두렵고 힘든 일이었는지도 모릅니다. 그런데도 베들레헴으로 돌아간 것은 그 땅이 '전능자 하나님께서 약속하신 땅'이었기 때문입니다.

고향 사람들 앞에 서다

"이에 그 두 사람이 베들레헴까지 갔더라 베들레헴에 이를 때에 온 성읍이 그들로 말미암아 떠들며 이르기를 이이가 나오미냐 하는지라"(룻 1:19)

"이이가 나오미냐?"

몰라서 묻는 것이 아닙니다. 나오미가 남편도, 아들도 없이 웬 젊은 여인과 함께 초라하게 서 있는 것을 보니 기가 막혀 묻는 것입니다.

모압에서 베들레헴까지 거리는 약 90㎞가 넘는 거리입니다. 사해 길이는 77㎞이고, 폭은 16㎞입니다. 사해 남부에서 사해 북부 근처에 이르는 거리로 추정하면 두 사람이 모압 남쪽 세렛 강을 건너 베들레헴까지 걸어간 거리가 90㎞가 넘는 거리입니다. 성인이 하루 20㎞ 걷는다고 가정하면 약 5일 거리입니다. 모압 북쪽 아르논 강을 건너고, 요단강을 건너 왔다고 가정해도 역시 비슷한 거리입니다. 두 과부가 강을 건너고, 광야를 지나서 베들레헴에 도착한 것은 결코 평탄한 길이 아니었습니다.

19절 말씀에는 두 개의 히브리어 동사가 들어 있습니다. '할락'과 '뽀'입니다. '할락'은 '걷다'는 동사이고 '뽀'는 '도착했다'는 동사입니다. 개역개정 번역에는 생략되어 있지만 두 동사를 그대로 번역하면 '두 사람이 걸어서 베들레헴에 도착했더라'입니다. 먼 땅을 걸어온 두 과부가 지칠 대로 지쳐서 더 초라하게 보인 것입니다.

분명 모습은 나오미인데 베들레헴 사람들이 기억하던 나오미가 아니었습니다. 10년 전의 아름답고 당당한 나오미의 모습은 찾을 수가 없습니다. 베들레헴에서 유력했던 나오미였습니다. 평생 늙지 않을 것 같은 나오미였습니다. 베들레헴을 떠날 때도 당당했던 나오미였습니다. 그런데 사람이 변해도 너무 변했습니다.

나오미의 얼굴 뿐 아니라 나오미의 몸 전체에서 힘들고 쓰라린 10년 세월이 새겨져 있었습니다. 모압 생활이 어떠했는지 구구절절 듣지 않아도 베들레헴 사람들은 나오미의 모습에서 10년 동안의 모압 생활을 읽을 수 있었습니다. 곁에 서 있는 젊은 여인 룻도 초라하기는 마찬가지입니다. 자신의 고향 베들레헴에서 맞은 첫날, 나오미는 이렇게 베들레헴 사람들의 걱정거리가 되었습니다.

마라라 부르라

"나오미가 그들에게 이르되 나를 나오미라 부르지 말고 나를 마라라 부르라 이는 전능자가 나를 심히 괴롭게 하셨음이니라"(룻 1:20)

어떤 말을 들어야 서운하지 않을까요? 어떻게 맞이해야 위로가 될까요? 사람이 조금 힘들 때는 모든 말이 서운합니다. 그러나 이렇게 진이 다 빠지도록 바닥을 치는 상황이 되면 서운함도 없어집니다. 더 내려갈 곳 없는 바닥까지 닿으면 오히려 담대해집니다. 호들갑스럽게 떠드는 성읍 사람들을 향하여 나오미가 거침없이 말하였습니다.

"나를 나오미라 부르지 말고 마라로 부르라."

더는 숨길 것이 없는 자신의 지난 세월을 '마라', 이 한 단어로 요약합니다. '마라'는 히브리어로 '쓰다', '불행하다'라는 말입니다. 그들 앞에 서 있는 나오미는 십 년 전의 나오미가 아니었습니다. 모압에서 남편을 잃고, 두 아들도 잃고, 챙겨갔던 재산까지 다 바닥나 빈털터리가 되었으니 '마라'가 더 정확한 이름입니다. 베들레헴 고향 땅에 돌아온 나오미는 텅 비고 쓴 자국만 남은 마라였습니다.

"전능자가 나를 심히 괴롭게 하셨으니…."

이 말은 하나님을 원망하는 말이 아닙니다. 나오미가 마라가 된 것은 남편 잘못도 아니요. 병약한 두 아들 때문도 아니었습니다. 나오미가 '마라'가 된 이유는 풍족한 하나님을 떠났기 때문이었습니다. 나오미는 자신이 마라가 된 이유를 분명히 알았습니다.

'베들레헴에 있을 때, 은혜가 있을 때' 나오미였습니다. 흉년을 피해 베들레헴을 떠나고, 하나님을 떠나니 은혜도 떠나서 마라가 된 것입니다. 그래서 누가 뭐라 하기도 전에 자신의 이름을 '마라'라고 분명히 밝힌 것입니다.

비단 나오미뿐만이 아닙니다. 나오미를 보고 놀라는 사람도, 나오미 이야기를 듣는 우리도 하나님의 은혜를 떠나면 '마라'입니다. 나오미가 베들레헴 떠나고 모압을 택할 때 나오미의 마라가 시작된 것입니다. 나오미가 이것을 분명히 깨달았습니다.

깨닫는 것이 은혜입니다. 깨달으면 남들의 소란스러운 반응에도 부끄럽지 않습니다. 깨달으면 조롱하는 소리도 은혜로 들립니다. 이제 깨달았으니 당당하게 자신을 '마라'라고 부르라 하는 것입니다. 사람들의 이런 반응을 나오미가 예상하지 못했을 리 없습니다. 알면서도 돌아온 것입니다. 하나님의 은혜가 절실했기 때문에. 억지로 지나온 세월을 감추려 하지도 않고 현재 상황을 있는 그대로 드러냅니다. 하나님 품에 돌아와야 살 수 있다는 깨달음이 나오미를 전능자에게 돌아가게 한 것입니다.

은혜를 찾아 돌아오는 것은 결코 부끄러운 일이 아닙니다. '마라'는 부끄러운 것이 아닙니다. 은혜를 가볍게 여기고 떠나는 것이 부끄러운 일입니다.

아들을 풍요롭게 하는 것은 '아버지의 유산'이 아니라 '부자 아버지'

"내가 풍족하게 나갔더니 여호와께서 내게 비어 돌아오게 하셨느니라 여호와께서 나를 징벌하셨고 전능자가 나를 괴롭게 하셨거늘 너희가 어찌 나를 나오미라 부르느냐 하니라"(룻 1:21)

나오미는 든든한 남편과 두 아들, 그리고 넉넉한 돈이면 어디를 가도 풍족한 삶을 누릴 줄 알았습니다. 그러나 그 풍족함과 든든함이 하나둘 나오미를 떠나고, 홀로 빈손으로 남았을 때, 나오미는 자신이 믿었던 것이 얼마나 초라한 것인지 알았습니다. 자신이 가졌던 것이 매우 초라한 것이었음을 알았습니다. 삶을 윤택하게 하는 것은 보이는 것들이 아니었습니다. 삶을 윤택하고 풍요롭게 하는 것은 물질이나 어떤 환경이 아니었습니다. 모든 축복의 근원은 사람이 아니요, 물질도 아니었습니다. 축복의 근원은 '전능자의 약속'이었습니다. 전능자의 약속을 떠나는 것이 '징벌'입니다. 전능자를 떠나는 것이 괴로움의 시작입니다.

흉년이 들어도 '전능자의 약속'은 흉년이 들지 않습니다. '전능자의 약속'을 신뢰하는 사람은 흉년에 흔들리지 않습니다. '전능자'가 바로 '풍족함과 흉년'을 주관하기 때문입니다.

누가복음에 나오는 둘째 아들은 아버지와 함께 있을 때가 가장 풍족했습니다. 그러나 둘째 아들은 아버지의 유산이 자신을 윤택하고 풍요롭게 할 것이라고 믿었습니다. 아버지의 유산을 모두 탕진하고 난 후 둘째 아들은 깨달았습니다. 자신을 풍요롭게 하는 것은 '아버지의 유산'이 아니라 '부자 아버지'였습니다.

> "내 백성이 두 가지 악을 행하였나니 곧 그들이 생수의 근원 되는 나를 버린 것과 스스로 웅덩이를 판 것인데 그것은 그 물을 가두지 못할 터진 웅덩이들이니라"(렘 2:13)

풍족함의 근원이 하나님 아버지십니다. 사람이 하나님을 떠나면 결코 풍족하게 살 수 없습니다. 하나님을 떠나 스스로 아무리 큰 웅덩이를 판다 해도, 아무리 많은 우물을 가지고 있다 해도, 그 웅덩이는 물을 가두지 못하는 터진 웅덩이입니다. 터진 웅덩이에 물을 가둘 장사가 없습니다. 하나님 없는 풍족함은 터진 웅덩이입니다. 생수의 근원 되신 하나님을 떠날 때 사람이 텅 비게 됩니다. 사람을 풍족하게 하는 생수의 근원은 하나님이십니다.

어떤 분은 일할 수 있을 때 조금 더 고생해서 일하고, 나중에 형편이 나아지면 교회에 나가겠다고 말합니다. 어떤 분은 급한 불만 끄고 교회 나가겠다고 합니다. 그런데 형편이 나아지고 급한 불이 꺼지면 어김없이 또 다른 일들이 기다리고 있습니다.

이것이 마라가 되는 과정입니다. 마른 땅에는 아무리 열심히 씨를 뿌려도 열매를 거둘 수가 없는 것처럼 터진 웅덩이에는 아무리 열심히 물을 부어도 채울 수가 없습니다. 자기 땅이 마르는 줄 모르고, 자기 웅덩이가 터진 줄도 모르고 땅을 채우려고 하면 생각지도 못한 마라가 기다리고 있습니다.

하나님의 백성은 물을 가두지 못할 웅덩이를 파지 말고 생수의 근원 되신 하나님께 돌아가야 합니다. 샘이 마르지 않아야 풍족합니다. 받아놓은 물은 언젠가는 바닥이 나게 됩니다. 얼마나 물이 많은 우물을 가지고 있느냐에 삶의 풍요가 달려 있는 것이 아니라 얼마나 하나님께 순종하느냐에 삶의 풍요가 달려 있습니다. 하나님께서 풍요의 근원이시기 때문입니다.

나오미가 받아놓은 물은 남편과 두 아들이 죽을 때 바닥이 났습니다. 풍족한 아버지를 떠나면 기근이 오는 것은 당연합니다. 비가 오지 않으면 쩍쩍 갈라진 강바닥이 드러나듯, 하나님의 공급을 받지 못하면 인생의 바닥도 숨길 수 없이 드러납니다. 모압이 아무리 풍족한 땅이라 해도 그 땅은 물을 채우지 못하는 터진 웅덩이였습니다. 하나님은 '마라'를 통하여 우리가 스스로 파놓고 안주하려 했던 우리의 '터진 웅덩이'를 돌아보게 하십니다.

'마라'는 우리의 잘못된 길과 행실을 치료하는 쓴물입니다. 그래서 우리는 '마라'를 감사하고 '마라'를 숨기지 말아야 합니다. '마라'는 결코 부끄러운 샘이 아닙니다. 하나님은 '마라'에서 우리를 치료하여 주십니다. 그곳이 바로 '여호와 라파'입니다. '마라'는 하나님 백성이 반드시 지나가야 하는 길입니다. 자기 백성이 반드시 가야 하는 길이기에 하나님은 광야에서 출애굽 한 백성에게 광야에서 단물보다 먼저 마라를 만나게 하신 것입니다.

모압의 풍요를 따라가는 나오미들

요즘 나오미 같은 중고등학생들이 많습니다. 더 나은 성적을 위해 주일에 하나님을 떠나 학원으로 갑니다. 학원이 '모압'입니다.

주일엔 창조주 하나님, 구속주 하나님을 기억하고 예배드려야 하는데 부모들은 자식들을 모압으로 몰아냅니다. 그렇게 중학교와 고등학교 시절 6년을 모압에서 지내면, 분명하고 확실하게 자녀들이 하나님을 떠납니다. 중고등 시절의 6년은 자신의 정체성을 확립하는 시기입니다. 이 시기에 중고등학생은 무엇보다 먼저 하나님을 만나야 합니다. 이 중요한 시기에 하나님을 만나지 못하면 좋은 대학에 들어가도 목적을 잃고, 결혼해도 방향을 잃고, 취업해도 열정과 기쁨을 상실하고 '마라'를 만납니다.

나오미 같은 신자들도 있습니다. 하나님 안에서 풍족함을 누리지 못하고 더 풍족한 것을 원하다 주일예배 빠지고, 하나님 떠나고, 모압에서 헤매다 인생의 흉년을 맞습니다. 주일예배가 베들레헴입니다. 하나님 백성은 예배를 통하여, 하나님을 만나고, 예배를 통하여 약속의 말씀을 받고, 그 말씀을 따라가야 윤택한 삶을 살 수 있습니다. 주일 예배를 떠나면 삶이 마릅니다.

"모든 만물이 피곤하다는 것을 사람이 말로 다 말할 수는 없나니 눈은 보아도 족함이 없고 귀는 들어도 가득 차지 아니하도다"(전1:8)

이것이 세상입니다. 보이는 것만으로는 우리 내면 깊숙한 곳까지 만족함을 채울 수 없습니다. 만족함을 채우지 못하니 보아도 족함이 없고, 더 많이 보려다 피곤하고, 들어도 만족함이 없어서 더 많이 들으려다 피곤합니다. 요즘 스마트폰 하나면 온갖 것들을 다 듣고 볼 수 있지만, 이것을 너무 많이 보고 들으면 잠을 자도 아침에 피곤합니다.

기억해야 할 것은 우리가 원하는 것이 우리에게 만족함이나 풍족함을 주지 않는다는 사실입니다. 우리가 원하는 것을 따라가면 언젠가는 마라를 만납니다.

"어찌하여 나를 나오미라 부르느냐?"

나오미는 자신이 누구인지, 어떻게 변했는지 정확하게 알고 있었습니다. 하지만 마라가 되었음에도 불구하고 여전히 자기 자신을 나오미라고 착각하는 사람들이 있습니다. 이런 사람은 결코 하나님께 돌아갈 수 없습니다.

우리는 어떻습니까? 내 삶이 메말라가고 있는데 이 정도면 괜찮다고 거짓 위안으로 삼고 있진 않은지 돌아보아야 합니다. 거짓 평화는 우리가 하나님께 간절한 마음으로 돌아가 엎드리지 못하게 방해합니다.

마라가 된 나오미는 전능자가 없이는 살 수 없음을 철저히 깨달았습니다. 철저히 빈손 되었기에 무엇이 윤택한 삶인지를 비로소 알았습니다. 베들레헴으로 돌아온 이후, 나오미의 관심은 풍족함이 아니었습니다. 그녀의 관심은 오직, 젊은 과부 며느리와 함께 일상에서 이스라엘에 주신 하나님의 약속을 따라 사는 것이었습니다.

매일 일상에서 전능자의 약속을 따라가는 것, 이것이 풍요로움의 근원입니다.

추수가 시작되는 베들레헴

"나오미가 모압 지방에서 그의 며느리 모압 여인 룻과 함께 돌아왔는데 그들이 보리 추수 시작할 때에 베들레헴에 이르렀더라"(룻 1:22)

텅 빈 나오미와 룻이 베들레헴에는 돌아왔을 때는 마침 보리를 추수하는 시기였습니다. '이르렀다'는 히브리어로 '보'입니다. 이는 '들어가다', '입장하다'는 동사입니다. 나오미와 룻이 베들레헴으로 입장하였습니다. 베들레헴으로 입장하는 두 과부를 위해 하나님은 이미 모든 준비를 마치셨습니다.

하나님은 늘 자기 백성을 위하여 예비하시는 '여호와 이레'이십니다. 하나님께서는 어렵게 베들레헴으로 들어온 나오미에게 지난날 모압에서 어떻게 살았는지, 왜 베들레헴을 떠났는지 묻지 않으셨습니다. 우리가 하나님께 돌아갈 때 하나님은 아무것도 따지지 않습니다.

우리의 죄와 허물이 우리의 키(height)를 넘을지라도 우리가 하나님께 돌아갔다는 그 사실 하나만으로 기뻐하시며 하나님은 우리를 환대해주십니다. 수많은 길에서 우리가 하나님을 선택했다는 것만으로 하나님은 우리를 거절하지 않으시고 은혜의 그늘로 덮어주십니다.

오늘도 하나님은 우리가 아버지의 풍족함에 이르도록 우리를 기다리십니다. 우리가 무슨 잘못을 했는지, 왜 하나님을 떠났는지 묻지 않으십니다. 오직 우리를 위하여 예비하신 우리의 몫을 우리에게 주시기 위하여 하나님 아버지는 우리를 기다리고 계십니다.

베들레헴에서 나오미와 룻의 일상이 시작되었습니다. 베들레헴은 '찬송의 떡집'입니다. 가뭄이 들어도, 기근이 들어도 베들레헴은 찬송받으실 하나님의 약속이 있는 땅입니다. 베들레헴은 풍년이었지만, 두 과부는 빈손이었습니다. 그러나 약속의 땅에서 한 걸음씩 나아갈 때마다, 하나님은 이들을 위하여 예비하신 '찬송의 떡'을 하나씩 펼쳐 보이셨습니다.

> "예수께서 이르시되 나는 생명의 떡이니 내게 오는 자는 결코 주리지 아니할 터이요 나를 믿는 자는 영원히 목마르지 아니하리라"(요 8:35)

우리의 '찬송의 떡집'은 아버지께서 우리를 위해 예비하신 '생명의 떡'예수 그리스도이십니다. 어떤 상황에 있든지 우리는 가뭄이 든 그곳에서, 초라하고 공허한 그 자리에서 주저앉지 말고 일어나야 합니다. 우리는 텅 빈 그릇을 들고 '생명의 떡'이신 그리스도께 가야 합니다. 하나님의 아들, 예수 그리스도께서 우리를 가뭄이 없는, 풍성한 '찬송의 떡집'이 되게 하십니다.

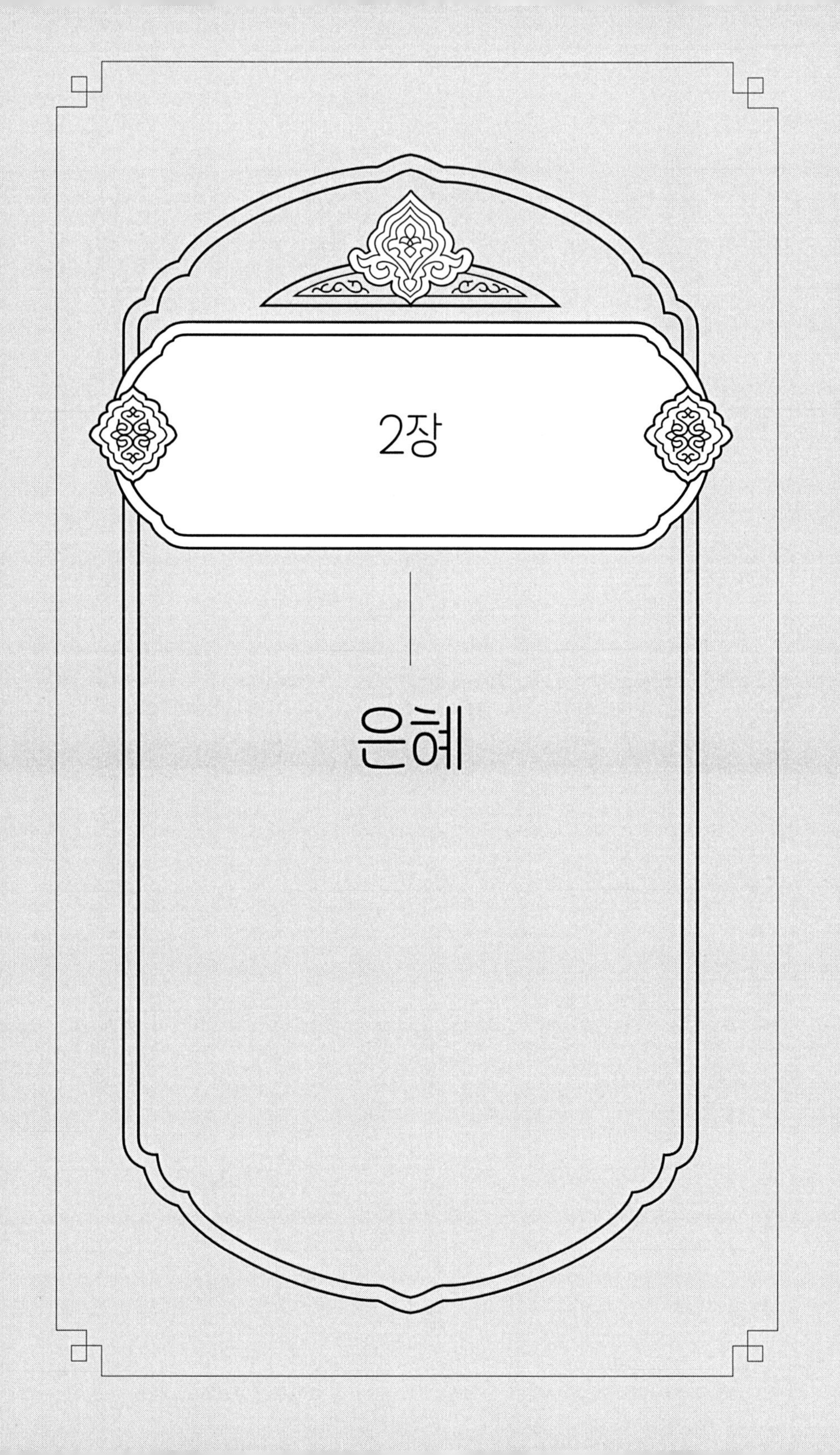

2장

은혜

이삭줍기

(룻 2:1-7)

우연의 일치인가? 하나님의 섭리인가?

마틴 플리머와 브라이언 킹은 『우연의 일치, 신의 비밀인가 인간의 확률인가』에서 다음과 같이 말하였습니다.

"수학자들은 우연의 일치를 마법이나 신의 개입으로 설명하는 것을 극구 반대하며, 확률로 설명하려 든다. 링컨과 케네디의 유명한 유사점들에 대해서도, 그것은 수비학數秘學 세계의 이야기일 뿐이라고 말한다. 그러나 그들 역시 회의론적인 관점에 다소 빈틈을 보이기도 한다. 신비론자이든 회의론자이든, 결론은 이렇다. 우리가 아는 것은 아무것도 없다는 것이다."

우리는 그저 우연이라고 말하기엔 신기할 정도로 여러모로 일치하는 경우를 많이 겪습니다. 이런 우연의 일치는 하나님의 섭리일까요? 아니면 단순한 확률일까요? 참 어려운 질문입니다.

어떤 분은 십일조 드려야 할 돈을 다른 곳에 사용했더니 꼭 그만큼 마이너스가 되었다는 말을 합니다. 어떤 분은 주일예배 빠졌더니 아이가 아팠다고 합니다. 우연일까요? 아니면 하나님의 섭리일까요?

또 어떤 분은 신학교 시험에 떨어졌기 때문에 하나님이 자신을 목회자로 부르신 게 아니라고 해석합니다. 시험에 떨어진 것이 하나님의 섭리일까요? 아니면 실력 부족으로 보아야 할까요? 신앙생활을 하는 가운데 하나님의 섭리로 보아야 할지, 우연으로 보아야 할지, 나의 탓으로 돌려야 할지 종종 혼란스러울 때가 있습니다.

이렇게 혼란스러울 때 우리는 시편 139편으로 가야 합니다.

> "내가 주의 영을 떠나 어디로 가며 주의 앞에서 어디로 피하리이까
>
> 내가 하늘에 올라갈지라도 거기 계시며 스올에 내 자리를 펼지라도 거기 계시니이다
>
> 내가 새벽 날개를 치며 바다 끝에 가서 거주할지라도
>
> 거기서도 주의 손이 나를 인도하시며 주의 오른손이 나를 붙드시리이다"(시 139: 7-10)

하나님의 백성은 어디를 가든지 하나님의 눈앞을 피할 수 없

습니다. 하나님의 백성은 하나님을 벗어날 수 없고, 하나님을 떠나 도망칠 수도 없습니다. 하나님의 눈을 피할 수 있는 하늘과 땅은 없습니다.

마찬가지로 하나님의 은혜가 미치지 않는 곳도 없습니다. 해가 뜰 때 우리가 빛의 속도로 동쪽으로 간다 해도, 해가 질 때 서쪽으로 달려가 자리를 잡고 앉을지라도 하나님은 거기서도 우리를 붙드십니다. 우리가 빛의 속도로 날아다닌다 해도 하나님은 그보다 더 빨리 우리를 찾아내십니다. 하나님 백성은 언제나 하나님의 관심과 보호 아래 있습니다. 시편 139편 말씀에 의하면 하나님의 백성에게는 우연의 연속, 인간의 확률까지도 모두 하나님의 섭리임을 알 수 있습니다.

베들레헴의 유력한 자, 보아스

"나오미의 남편 엘리멜렉의 친족으로 유력한 자가 있으니 그의 이름은 보아스더라"(룻 2:1)

베들레헴에 나오미의 남편과 가까운 친척이 한 명 있었습니다. 그의 이름은 보아스이며 기생 라합의 아들입니다. 라합은 여호수아가 여리고성을 정복할 때 이스라엘 정탐꾼들을 숨겨 주고, 그 대가로 여리고성이 멸망하는 가운데 자신과 그 가족이 모두 구원을 얻었습니다. 이스라엘이 여리고성을 정복한 이후, 라합은 이스라엘의 유다 지파 살몬과 결혼하였고 그와 사이에서 낳은 아들이 보아스입니다.

보아스는 기생의 아들이었지만 베들레헴에서 유력한 사람이었습니다. '유력하다'는 이 말은 히브리어로 두 개의 단어로 되어 있습니다. '기보르'와 '하일'입니다. '기보르'는 '힘이 세고 강한', '우두머리'라는 의미가 있고, '하일'은 '재산, 힘, 능력'이라는 의미가 있습니다. 보아스는 당시 베들레헴에서 재산과 능력도 있었고, 지위와 영향력이 있는 사람이었습니다.

빈손 된 두 과부에게 베들레헴에서 유력하고 영향력 있는 보아스는 무슨 의미가 있을까요? 빈손 된 두 과부의 이야기 뒤에 보아스가 바로 등장하는 이유는 무엇일까요? 빈손 된 두 과부의 앞에 갑자기 등장하는 보아스를 우연의 일치로 보아야할까요? 하나님의 섭리로 보아야할까요?

> "구원자 이스라엘의 하나님이여 진실로 주는 스스로 숨어 계시는 하나님이시니이다"(사 45:15)

룻기 전체 기록을 보면 하나님께서 룻기에 등장하는 인물 가운데 드러나게 개입하신 내용은 없습니다. 그러나 룻기 전체의 내용은 나오미가 모압을 떠날 때부터 베들레헴에 돌아오기까지, 그 이후로도 나오미의 삶에 고통을 주었던 죽음과 결손 그 배후에서 역사하시는 하나님이십니다.

전능자 하나님은 나오미의 배후에서 나오미의 흉년을 풍년으로 회복시키시지만 스스로 숨어 계시는 하나님이십니다. 하나님 백성에게 일어나는 상실, 고통, 아픔은 인과응보의 상관관계에서 일어나는 것이 아니라 하나님의 섭리에 따라 일어납니다.

혹 은혜를 입게 되면

"모압 여인 룻이 나오미에게 이르되 원하건대 내가 밭으로 가서 내가 누구에게 은혜를 입으면 그를 따라서 이삭을 줍겠나이다 하니 나오미가 그에게 이르되 내 딸아 갈지어다 하매" (룻 2:2)

시어머니를 따라 베들레헴에 온 룻은 시어머니와 함께 끼니를 이어가려면 당장 무슨 일이든지 해야 했습니다. 마침 보리 추수 때였으므로 룻이 맨손으로 바로 시작할 수 있는 일은 남의 밭에서 이삭을 줍는 일이었습니다. 이삭줍기는 특별한 기술이나 자본 없이 누구나 할 수 있는 일이었습니다.

> "네가 밭에서 곡식을 벨 때에 그 한 뭇을 밭에 잊어버렸거든 다시 가서 가져오지 말고 나그네와 고아와 과부를 위하여 남겨두라 그리하면 네 하나님 여호와께서 네 손으로 하는 모든 일에 복을 내리시리라
>
> 네가 네 감람나무를 떤 후에 그 가지를 다시 살피지 말고 그 남은 것은 객과 고아와 과부를 위하여 남겨두며
>
> 네가 네 포도원의 포도를 딴 후에 그 남은 것을 다시 따지 말고 객과 고아와 과부를 위하여 남겨두라"(신 24:19-21)

신명기 말씀대로 이스라엘에서는 가난한 이웃 즉 이방 여인, 나그네, 고아, 과부는 추수하는 밭에서 이삭을 주울 수 있도록 허용이 되었습니다. 룻이 시어머니에게 말합니다.

"누구의 밭에서 이삭을 줍게 될지 모르지만, 은혜를 입으면 그를 따라 이삭을 줍겠나이다."

낯선 땅이었지만 룻은 머뭇거리지 않았습니다. 두려워하지도 않았습니다. 룻은 베들레헴에 도착하자마자 자신이 해야 할 일이 무엇인지 알았습니다. 그 일이 이삭줍기였습니다.

룻은 가난한 이웃들 틈에서 이삭을 줍겠다고 결정하였습니

다. 이삭줍기가 쉬워 보여서 결정한 것은 아니었습니다. 룻이 "은혜를 입으면"이라는 표현을 한 것처럼, 젊은 여인이 낯선 사람의 밭에서 이삭을 줍는 것은 결코 만만한 일이 아니었습니다. '혹 은혜를 입으면'이라는 말은 '혹 은혜를 입지 못해도' 이삭을 줍겠다는 결단입니다. 한사코 돌아가라고 말리는 시어머니를 따라 베들레헴에 온 이유는 룻 자신의 행복을 위해서가 아니었습니다. 시어머니를 봉양하려고 각오했기에 어떤 일이든 해야 했고, 모든 것이 낯설기에 은혜가 필요했습니다.

그런 며느리를 바라보는 나오미의 심정은 어땠을까요? 말려도 그만둘 며느리가 아니고, 말린다 한들 달리 뾰족한 수도 없기에 나오미는 결국 허락하였습니다.

"내 딸아, 갈지어다."

어린 며느리를 거친 들로 내보낼 수밖에 없는 시어머니의 가슴 아픈 대답입니다. 두 사람의 절박함이 느껴집니다.

은혜는 아무에게나 오지 않는다

"룻이 가서 베는 자를 따라 밭에서 이삭을 줍는데 우연히 엘리멜렉의 친족 보아스에게 속한 밭에 이르렀더라"(룻 2:3)

룻이 어떻게 보아스의 밭에 이르렀는지는 알 수가 없습니다. 우연히 이르렀다고는 하나, 2절에 룻이 '누군가에게 은혜를 입겠다.' 하였으므로 룻은 은혜를 입을 수 있는 밭을 잘 살펴 선택한 것이 분명합니다.

"룻이 가서 베는 자를 따라 이삭을 줍는데" 이 문장에는 세 개의 중요한 동사가 있습니다. '가서', '따라', '줍다'는 동사입니다. '가다'는 히브리어로 '할라크'이며, '걸어가다'라는 동사입니다. '따라'는 히브리어로 '보'이며, '들어가다'라는 동사입니다. '줍다'는 히브리어로 '라카트'이고, '줍다'는 동사입니다.

'걸어서, 들어가, 줍는 일'은 모두 룻이 생각하고 선택해야 하는 일이었습니다. 보아스의 밭은 룻이 아무렇게나 들어간 밭이 아니었습니다. 걸어가는 것, 들어가는 것, 줍는 일에 은혜를 구했기에 룻이 보아스의 밭에 들어간 것입니다. '어떻게 되겠지'라는 막연한 기대로 들어간 것이 아니라, 이삭을 줍는 보잘것없는 일에도 주도면밀하게 은혜를 구했기에 그 현장에 은혜가 임한 것입니다.

모압에서 태어나 하나님을 모르고 자랐지만, 룻이 시어머니의 하나님을 믿는 모습은 여느 사람들과 다릅니다. 이삭줍기는 아무나 하는 일이었습니다. 특히 가난하고 비천한 사람들이 하는 일이었습니다. 그러나 룻은 그 밭을 아무렇게나 선택하지 않고, 은혜 입을 곳을 구하며 신중하게 둘러보고 선택했습니다. 베들레헴은 자기 고향도 아니고, 룻은 처녀도 아닌 이방 여인이며 과부입니다. 어딜 가도 비천한 취급을 받을 신분입니다. 그러나 룻은 비천하게 행동하지 않았습니다.

"그가 사모하는 영혼에게 만족을 주시며 주린 영혼에게 좋은 것으로 채워주심이로다"(시 107:9)

'은혜'는 좋은 것을 주시고자 하는 '하나님의 마음'입니다. 이 은혜는 하나님께서 좋은 것 주실 것을 믿고, 사모하며 구하는 자에게 옵니다. 룻이 어머니의 하나님을 바라보고, 그 하나님을 향하여 은혜를 구하고, 한 걸음 한 걸음 걸어갈 때 하나님께서 룻에게 "우연히"와 "마침내"로 인도하셨습니다. 말씀에 기록된 "우연히"는 히브리어로 '미크레하'입니다. 이는 '우연한 기회', '뜻밖의 행운'이라는 말입니다. '이르렀더라'는 '일어나다'는 말입니다.

룻이 면밀하게 살피고 택한 그 밭에서 룻이 은혜를 입었고 보아스를 만났습니다. 룻은 전혀 의도하지 않았는데 은혜를 따라 걸었더니 그 밭이 룻에게 '행운의 기회'가 되었습니다. 행운은 노력으로 붙잡는 것이 아닙니다. 기회 역시 노력으로 붙잡는 것이 아닙니다. 행운과 기회는 하나님으로부터 옵니다. 은혜를 구하는 자에게 하나님의 특별한 인도하심이 행운이요. 기회입니다.

은혜는 아무에게나 그냥 오지 않습니다. 사소한 일뿐 아니라 아무것도 기대할 것이 없어도 낙심하지 않고, 은혜를 기다리는 자에게는 반드시 은혜가 옵니다. 이 은혜 안에 뜻밖의 행운과 기회가 있습니다. 그래서 환경이나 상황을 탓할 필요가 없습니다. 모든 것을 은혜로 받아들이면 이삭을 주워도 은혜입니다.

겸손히 은혜를 구하는 사람에게는 늘 하나님의 인도하심이 있습니다. 작은 일이라도 성실하게 행하고, 소홀히 하지 않으면 작은 일을 통해서 큰 은혜도 옵니다. 사소한 일이라고 내 멋대로 생각하고 행동하면 은혜가 달아납니다. 은혜를 사모하는 자들에게는 크고 작은 모든 일에서 늘 전능자의 은혜가 있습니다.

'우연히'와 '마침내'를 통하여 이루어지는 하나님의 섭리

> "마침내 보아스가 베들레헴에서부터 와서 베는 자들에게 이르되 여호와께서 너희와 함께하시기를 원하노라 하니 그들이 대답하되 여호와께서 당신에게 복 주시기를 원하나이다 하니라"(룻 2:4)

룻이 이삭을 줍기 위해 걸어서 우연히 들어간 곳이 보아스의 밭이었습니다. 공교롭게도 그때 마침내 보아스가 자기 밭에 이르렀습니다. "마침내"란 히브리어로 '웨힌네'입니다. 이 말은 '그런데,

보라!'는 감탄사입니다. '시선을 집중하라!'는 감탄사입니다.

우연히 아무렇게나 일어난 일은 사람의 시선을 끌지 못합니다. 하지만 우연히 일어난 일이 마치 누군가의 계획처럼 딱 맞아떨어질 때, 우연의 일치가 마치 누군가의 의도로 일어난 사건처럼 절묘해보일 때 사람의 시선이 집중됩니다.

룻이 보아스의 밭에서 우연히 이삭을 줍게 되고, 보아스도 그날 우연히 자기 밭에 왔지만 둘은 약속이나 한 것처럼 마주치게 되었습니다. 약속을 하지 않았지만, 이들은 약속을 하고 온 것처럼 정확하게 보아스의 밭에서 만났습니다. 룻도 보아스도 자신들이 왜 만나게 되었는지 몰랐습니다. 그러나 이 두 사람의 결말을 알고 있는 독자들에게 두 사람의 만남은 결코 '우연히'가 아닙니다. '마침내'입니다. 룻기를 읽는 독자들에게 이 두 사람의 만남은 정확한 하나님의 섭리입니다.

보아스는 자기 밭에서 추수하는 자들에게 이전에 하던 대로 인사를 하였습니다.

"여호와께서 너희와 함께 하시기를 원하노라."

일하던 사람들이 일손을 멈추고 보아스에게 대답하였습니다.

"여호와께서 당신에게 복 주시기를 원하나이다."

밭 주인이 자기 밭에 들러서 일하는 사람을 격려하고 일꾼들은 주인의 격려를 받는 것은 베들레헴 사람들의 평범한 일상입니다.

그러나 룻이 우연히 보아스에 밭에서 이삭을 줍고, 마침내 보아스가 그 밭에 나타난 것은 이들에게는 결코 평범한 일상은 아니었습니다.

이 만남은 룻과 나오미의 인생이 180도로 바뀌는 사건인 동시에, 룻이 다윗 왕가의 족보에 오르는 사건의 발단이 되기 때문입니다. 이 사건은 두 과부가 '텅 빔'에서 '채움'으로 가는 사건이기에 마침내 보아스가 자기 밭에 들른 사건은 결코 일상의 하루가 아니었습니다. 룻이 하나님을 선택하였을 때부터 하나님은 룻의 일상 안에 개입하고 계셨습니다. 하나님은 룻이 "우연히" 보아스의 밭에 이르게 하시고 "마침내" 보아스를 만나게 하시므로 자신의 섭리를 드러나지 않게 이루어가십니다.

하나님의 백성의 일상은 하나님께서 개입하시는 현장입니다. 그래서 하나님의 백성들은 아무렇게나 마음 내키는 대로 살지 않아야 합니다. 무슨 일을 하든지 하나님의 백성은 범사에 한 걸음 한 걸음 하나님을 신뢰하고 걸어가야 합니다. 하나님을 신뢰하고 걸어가는 모든 걸음의 여정 안에서 하나님은 자신의 섭리와 계획을 이루어가십니다.

오늘 내가 살고 있는 일상은 하나님의 섭리를 이루는 현장입니다. 그래서 우리는 늘 하나님 말씀을 따라가야 합니다. 그 말씀을 따라 사는 하루는 단순한 하루가 아닙니다. 말씀을 따라 사는 하루하루는 은혜의 연장선이요, 하나님의 섭리가 실시간으로 이루어지는 살아있는 현장입니다.

이 소녀가 누구냐?

"보아스가 베는 자들을 거느린 사환에게 이르되 이는 누구의 소녀냐 하니"(룻 2:5)

밭을 둘러본 보아스가 감독하는 사환에게 묻습니다.

"이는 누구의 소녀냐?"

자기 밭에 처음 와서 이삭 줍는 사람을 알아볼 정도로 보아스는 자기 기업에 충실한 사람이었습니다. 보아스는 '젊은 여인이 오늘 새로 왔구나!'하고 넘어가지 않았습니다. 새로 온 사람을 일일이 챙기는 보아스의 됨됨이가 엿보입니다.

"소녀"는 히브리어로 '나아라'입니다. 이는 '나이가 어린', '결혼하지 않은 미혼'의 여자를 부르는 호칭입니다. 보아스 눈에 룻은 거친 들에서 이삭이나 주울 비천한 소녀로 보이지 않았습니다. 그래서 '이 소녀가 누구냐?'고 물었습니다. 이는 '이 소녀가 누구에게 속한 자냐?'는 질문입니다.

보아스는 룻이 과연 어디에 속했는지, 그의 부모는 누구이며, 어느 지파인지 궁금했습니다. 당시 이스라엘에서는 그가 속한 공동체, 가족, 지파, 마을이 그 사람의 신분인 동시에 정체성이었습니다. 보통 이스라엘의 젊고 고운 소녀들은 이삭을 주우러 다니지 않았습니다. 이스라엘의 젊은 소녀들은 부모의 보호를 받았습니다. 그런데 룻이 이삭을 주우러 온 것을 보고, 보아스는 필시 무슨 딱한 사정이 있음을 알았습니다.

어머니의 하나님을 섬기는 첫걸음

"베는 자를 거느린 사환이 대답하여 이르되 이는 나오미와 함께 모압 지방에서 돌아온 모압 소녀인데
그의 말이 나로 베는 자를 따라 단 사이에서 이삭을 줍게 하소서 하였고 아침부터 와서는 잠시 집에서 쉰 외에 지금까지 계속하는 중이니이다"(룻 2:6-7)

일꾼들을 감독하는 사환의 대답입니다.

"저 젊은 여자는 나오미와 함께 모압 시골에서 돌아온 모압 여자입니다."

사환은 룻이 모압에서 온 젊은 여인이며 얼마 전 동네를 떠들썩하게 했던 나오미가 데리고 온 며느리임을 강조하였습니다. 사환이 룻에 대해서 정확하게 알고 있는 이유는 룻이 이삭을 줍기 전에 자신이 '일꾼의 뒤를 따라가며 이삭을 줍게 해달라'고 사환에게 간청했기 때문입니다.

룻은 간청하면서 자신이 누구인지 말했습니다. 이삭을 줍는 사람은 자신의 신분을 밝히지 않아도 됩니다. 이삭줍기는 누구에게나 허용된 일이었기 때문입니다. 이삭줍기는 특별히 허락이 필요 없었습니다. 일꾼들이 낫을 대고 곡식을 거두어들인 후 그 뒤를 따라가며 줍는 것이 이삭줍기입니다. 그런데도 룻이 감독하는 사환에게 허락을 받는 것은 상대방에게 자신을 신뢰하도록 하기 위해서입니다. 비록 모압에서 왔지만 베들레헴 사람들의 규율을 존중한다는 의미입니다.

감독하는 사환은 나오미의 사정을 잘 알았기에 허락했습니다. 룻은 보아스가 오기 전까지 허리 한번 펴지 않고 열심히 이삭을 주웠습니다. 잠시 집에 다녀온 것 외에는 아침부터 시작하여 보아스가 올 때까지 줄곧 이삭을 주웠습니다.

이삭줍기는 기술도 필요 없고, 돈도 필요 없고, 재능도 필요 없는 하찮은 일이었습니다. 그러나 룻은 그 일을 하찮게 생각하지 않았습니다. 룻이 이삭줍기를 허락받은 것은 베들레헴 사람처럼 이삭을 줍겠다는 의미입니다. 이는 룻이 나오미와 함께 모압을 떠날 때, 어머니의 하나님을 자신의 하나님으로 섬기고 어머니의 백성을 자기 백성으로 여기겠다고 했던 약속을 지키는 것이었습니다.

어머니의 하나님을 섬기는 일의 첫걸음은 어머니의 백성처럼 사는 일입니다. 룻은 모압에서 살던 모든 방식을 내려놓고 철저히 베들레헴 사람이 되려 했습니다. 하나님은 그렇게 철저히 하나님의 백성이 되고자 한 걸음씩 떼어 가는 룻에게 은혜를 베풀고 계셨습니다.

하나님의 은혜는 언제나 어디에나 있습니다. 모압에도, 베들레헴에도, 보아스의 밭에도, 모든 것을 다 잃고 빈손이 된 나오미에게도, 이삭을 줍는 룻에게도, 베들레헴의 유력한 보아스에게도, 일꾼을 관리하는 사환에게도, 소소한 일상 가운데도, 어느 특별한 시간이나 지금 이 순간에도 은혜는 언제나 풍성하게 있습니다. 은혜 입기를 원하는 자들에게, 하나님의 백성으로 살기 원하는 자들에게, 하나님의 은혜는 결코 멀리 있지 않습니다.

그래서 하나님의 백성은 모든 것이 넉넉할 때나 부족할 때나 은혜를 구해야 합니다. 건강할 때도, 병들었을 때도, 기쁠 때도, 슬플 때도, 중대한 일을 앞두고도, 사소한 일을 할 때도, 쉽고 비천한 일이나 어렵고 막막한 일에도 은혜를 구해야 합니다. 매일 은혜를 구하며 하나님 백성으로 겸손히 나아갈 때 하나님께서는 마침내 은혜를 베풀어 주십니다.

"보라 처녀가 잉태하여 아들을 낳을 것이요 그의 이름은 임마누엘이라 하리라 하셨으니 이를 번역한즉 하나님이 우리와 함께 계시다 함이라"(마 1:23)

임마누엘! 오늘도 은혜의 이삭을 줍기 위해 타작마당으로 나아가는 모든 자와 함께하시는 우리 주님을 찬양합니다.

온전한 상

(룻 2:8-16)

보아스와 룻의 첫 번째 대화

룻기 2장 8절은 보아스와 룻의 첫 대화입니다. 나오미가 '마라'가 되어서 돌아왔다는 소문을 들었지만, 나오미의 며느리 룻이 자신의 밭에서 이삭을 줍는다는 사실은 보아스에게는 뜻밖의 일이었습니다. 추수하는 밭에서 온종일 이삭을 주웠지만 룻은 결코 초라하거나 비천해 보이지 않았습니다.

보아스 앞에 서 있는 룻은 지금까지 보아스가 보았던 베들레헴 여염집 처녀 못잖게 단정하고 손색이 없는 젊은 여인이었습니다. 피곤한 기색이 전혀 없이 다소곳이 서 있는 룻의 모습에서 보아스는 애틋한 마음이 들었습니다. 딸 같은 룻, 아버지 같은 보아스, 그러나 놀라운 부부의 인연을 맺게 될 이 두 사람의 첫 대화는 어떤 것일까요?

자상한 아버지 같은 보아스

"보아스가 룻에게 이르되 내 딸아 들으라 이삭을 주우러 다른 밭으로 가지 말며 여기서 떠나지 말고 나의 소녀들과 함께 있으라"(룻 2:8)

룻기 2장 8절을 직역하면 첫 부분이 "내 딸아 네가 듣지 못했느냐?"입니다. 이 부정 의문문은 "내 딸아 주의해서 들어라!"는 의미입니다. 보아스가 룻에게 했던 첫마디는 알지 못하는 한 지주로부터 룻이 예상할 수 있었던 것보다 훨씬 친절하고 자상하였습니다. 종일 이삭을 줍느라 상기된 얼굴을 하고 서 있는 룻을 안쓰럽게 바라보며 보아스가 룻을 불렀습니다.

"내 딸아."

이 호칭은 아버지가 딸을 부르는 호칭입니다. 나이가 많은 어른이 젊은 여인을 사랑스럽게 여겨 부르는 호칭이기도 합니다. 무엇보다 룻을 안심시키기 위해서 부르는 호칭입니다. 보아스가 룻을 딸처럼 다정하게 부른 후에 세 가지 주의를 주었습니다.

"이삭을 주우러 다른 밭으로 가지 말며, 여기서 떠나지 말고, 나의 소녀들과 함께 있으라."

당시 이스라엘 밭들은 경계선이 불분명해서 조금만 방심하면 다른 사람의 밭으로 넘어갈 가능성이 컸습니다. 젊은 여자가 이

밭 저 밭 넘나들며 이삭을 줍다 불미스러운 일이 일어나는 것을 막고자 하는 아버지의 마음이 엿보입니다.

당시 이삭을 줍는 일은 단순히 밭에 떨어진 곡식을 줍는 것만은 아니었습니다. 거친 소년들 사이에서 이삭을 줍다가 잘못하면 희롱을 당할 수도 있고, 종일 수고해도 이삭을 충분히 줍지 못할 수도 있습니다. 보아스는 룻이 다른 밭으로 넘어가지 않아도 충분한 이삭을 줍도록 배려하였습니다. 또한 보아스는 룻에게 자신의 밭에서 일하는 소녀들과 함께 있으라고 주의를 주었습니다.

"함께 있으라"이 동사는 히브리어로 '따바크'입니다. 룻기 1장 14절에 룻이 시어머니를 "붙좇았더라"라는 동사와 같은 동사입니다. 적당히 함께 있는 것이 아니라, 다른 소녀들과 딱 붙어 있을 정도로 함께 다니라는 말입니다. 그래야 안심할 수 있을 정도로 이삭줍기는 젊은 여성들에게 만만한 일이 아니었습니다.

룻에게 주어지는 특권

"그들이 베는 밭을 보고 그들을 따르라 내가 그 소년들에게 명령하여 너를 건드리지 말라 하였느니라 목이 마르거든 그릇에 가서 소년들이 길어 온 것을 마실지니라 하는지라"(룻 2:9)

"그들이 베는 밭을 보고, 그들을 따르라". 이 말을 히브리어 원문으로 직역하면 '너의 눈을 그들(남성 복수)이 추수하는 그 밭에 두고, 그들(여성 복수)을 따라가라'입니다. '그들'이 두 번 나오는데, 첫 번째 나오는 '그들'은 곡식을 베는 남자들입니다. 두 번째 나오는 '그들'은 곡식을 베는 소년의 뒤를 따라가며 곡식 단을 묶는 소녀들입니다.

룻이 눈으로 소년들을 보아야 하는 이유는 그것이 이삭을 줍는 방향이기 때문입니다. 룻이 단을 묶는 소녀들과 가까이 있어야 하는 이유는 그래야 안전하게 이삭을 많이 주울 수 있기 때문입니다.

이것은 보아스가 룻에게 주는 특권이었습니다. 보아스는 소년들에게 처음 이삭줍기에 나선 어린 과부 룻을 절대로 건드리지 말라고 명령하였습니다. '건드리다'는 히브리어로 '나가'입니다. 이는 '심하게 치다', '상처를 주다', '괴롭히다', '희롱하다', '성폭행하다' 등 다양한 의미가 있습니다.

제한된 거리 안에서 보리를 베는 소년들은 얼마든지 젊은 여성을 희롱할 수 있었습니다. 대부분 이삭을 줍는 여인들은 높은 신분이 아니었고, 비천하고 힘없는 사람들이었습니다. 특히 룻은 이방 여인이었고 젊은 과부였습니다. 든든한 가족도 없고, 의지할 곳 없는 젊은 여성은 소년들의 노리갯감이 될 수 있었습니다.

보아스는 아버지가 딸을 챙기듯 참으로 자상하게 룻을 배려해 주었습니다. 그는 또 룻이 이삭을 줍다 목이 마르면 소년들이 길어다 그릇에 부어놓은 물을 마시라고 하였습니다. 팔레스타인 지역의 뜨거운 햇볕 아래에서 이삭 줍는 사람들은 마실 물을 가지고 다녀야 했습니다. 보아스는 룻이 이미 길어온 물을 마음껏 마실 수 있게 하였습니다. 보아스는 어린 룻이 거친 들에서 험한 일을 당하지 않도록, 또 갈증에 쓰러지는 일이 없도록 물 마시는 일까지 세심하게 돌봐 주었습니다.

어찌하여 내게 은혜를 베푸시며, 나를 돌보시나이까?

"룻이 엎드려 얼굴을 땅에 대고 절하며 그에게 이르되 나는 이방 여인이거늘 당신이 어찌하여 내게 은혜를 베푸시며 나를 돌보시나이까 하니"(룻 2:10)

하나에서 열까지 세심하게 당부하고 배려하는 보아스가 몹시 고마워서 룻은 몸 둘 바를 몰랐습니다. 룻은 최대한 존경의 표시로 보아스 앞에 엎드리고 물었습니다.

"어찌하여 내게 은혜를 베푸시며, 나를 돌보시나이까?"

베들레헴 사람도 아닌 이방 여인, 아무런 관심을 보여주지 않아도 되는 이방 여인에게 베푸는 보아스의 호의가 감사하기도 했지만 궁금하기도 하였습니다.

'어찌하여 그들만 따라가라 하는 것일까?'

'어찌하여 소년들에게 건드리지 말라고 하는 것일까?'

'어찌하여 소년들이 길어온 물을 마시라고 하는 것일까?'

'어찌하여'는 히브리어로 '맛두아'입니다. '왜?', '무엇 때문에?'라는 '의문부사'입니다. 룻은 보아스가 자신에게 특별한 호의를 베푸는 이유를 알고 싶었습니다.

어찌하여? 무엇 때문에? 왜? 룻에게 이런 은혜가 임하는 것일까요? 룻이 은혜를 입고자 원했기 때문입니다. 시어머니의 하나님이 룻의 하나님이 되셔서 보아스를 통하여 은혜를 베풀고 계신 것입니다. 룻의 중심에 계신 하나님께서 룻의 배후에서 섭리하고 계시기 때문입니다.

룻의 특별함을 알아본 보아스

"보아스가 그에게 대답하여 이르되 네 남편이 죽은 후로 네가 시어머니에게 행한 모든 것과 네 부모와 고국을 떠나 전에 알지 못하던 백성에게로 온 일이 내게 분명히 알려졌느니라"(룻 2:11)

비록 남편은 죽었지만, 시어머니를 저버리지 않고 극진히 모시는 룻, 자기 살길보다 시어머니의 살길을 먼저 생각할 줄 아는 룻, 시어머니의 하나님을 섬기기 위해 친정을 과감하게 떠나온 룻, 보아스가 듣고 본 룻의 모습입니다.

모압 사람들이 섬기던 우상과 그모스를 과감하게 버리고 시어머니의 하나님을 섬기겠다고 베들레헴에 온 룻은 참으로 기특하고 비범한 여인이 아닐 수 없습니다. 나이는 어리지만, 분별력이 있고, 과감하게 자신의 고향을 포기하고, 낯선 땅에서 주저없이 이삭줍기에 나선 룻, 시어머니를 위하여 헌신하는 룻을 베들레헴 사람들은 알고 있었습니다.

룻은 보아스가 들어온 소문 그대로였습니다. 보아스의 눈에 룻은 예사롭지 않은 여인이었습니다. 룻은 참으로 절개 있고 품위 있는 여인이었습니다.

하나님 눈에 드는 사람은 사람의 눈에도 아름답게 보입니다. 아무런 치장도 하지 않고 허름한 차림이었지만, 룻의 내면에 신앙으로 다져진 강인함과 충성스러움이 그녀를 돋보이게 했습니다.

완전한 하나님의 날개 아래

"여호와께서 네가 행한 일에 보답하시기를 원하며 이스라엘의 하나님 여호와께서 그의 날개 아래에 보호를 받으러 온 네게 온전한 상주시기를 원하노라 하는지라"(룻 2:12)

시어머니의 백성과 함께 살고, 시어머니의 하나님을 섬기기 위해 시어머니와 함께 베들레헴에 들어온 룻은 자신의 동족, 자신의 고향, 자신의 젊음, 자신의 장래까지 포기해야 했습니다. 대부분 사람들이 자신의 고향에서, 자신의 동족과 함께, 자신의 젊음을 누리고 자신의 장래를 위해 살 때, 룻은 시어머니를 섬기기 위해 자신이 누릴 수 있는 모든 것을 포기하였습니다.

12절 말씀은 '보답하다'라는 동사로 시작됩니다. 이 동사는 히브리어로 '솰람'입니다. 이는 '평화 언약을 맺다', '평화롭다', '회복하다', '가득하다'는 의미로 사용되었습니다. '샬롬'이 '솰람'에서 유래되었습니다. '온전한'이라는 형용사도 '솰람'에서 유래되었습니다. '상'은 히브리어로 '마쓰코레트'이며, '일한 삯', '보상'을 말합니다.

고용주가 노동자의 노동에 대하여 마땅히 그 임금을 지급하듯, 룻이 행한 일에 대하여 하나님께서 마땅히 보상해주실 것이라는 의미입니다. 그 보상은 룻의 존재뿐 아니라 룻의 모든 상황을 변화시킬 것입니다. 룻이 자신의 젊음의 날개, 자신의 멋진 날개를 넓게 펼쳤다면 하나님의 안전하고, 강하고, 완전한 날개 아래 보호받지 못하였을 것입니다. 자신의 날개를 완전히 접었기에 오히려 룻은 가장 안전하고, 완전한 하나님의 날개 아래 보호를 받을 수 있었습니다. 룻이 자신의 날개를 접었기에 하나님께서 룻의 모든 상황을 가장 온전하게 보상해주실 수 있었습니다.

> "하나님이여 내게 은혜를 베푸소서 내게 은혜를 베푸소서 내 영혼이 주께로 피하되 주의 날개 그늘 아래에서 이 재앙들이 지나기까지 피하리이다"(시 57:1)

시편 57편은 다윗이 자신을 시기하여 죽이려는 사울왕으로부터 도피하던 중에 지은 시입니다. 대적들의 위험 속에서 곤궁에 처했을 때, 내일을 기약할 수 없는 암울한 상황이었지만 다윗은 절망하지 않고 하나님께 은혜를 구했습니다. 자신이 주의 날개 그늘 아래 들어갈 터이니 그 모든 재앙이 지나가기까지 긍휼히 여겨달라고 호소하였습니다.

고용주가 노동자에게 마땅히 임금을 주듯, 보아스와의 만남은 하나님을 신뢰하고 찾아온 룻에게 내리는 하나님의 마땅한 보상이었습니다.

은혜가 오면 이삭줍기도 기쁨이 된다

"룻이 이르되 내 주여 내가 당신께 은혜 입기를 원하나이다 나는 당신의 하녀 중의 하나와도 같지 못하오나 당신이 이 하녀를 위로하시고 마음을 기쁘게 하는 말씀을 하셨나이다 하니라"(룻 2:13)

룻기를 읽으면서 결코 놓쳐서는 안 되는 단어가 바로 은혜입니다. 구약성경에서는 이 '은혜'가 세 가지 단어로 기록되어 있습니다. '헨'(chen), '라하밈'(rach mim), '헤세드'(chesed)입니다.

'헨'은 룻기 2장에서 3번 나오는데, '고마움', '호의', '은고恩顧'라는 의미입니다. 이 단어는 하나님에게 은혜를 받는 경우와 사람에게 받는 경우가 있습니다.

"그러나 노아는 여호와께 은혜를 입었더라"(창 6:8)

"요셉이 그의 주인에게 은혜를 입어 섬기매 그가 요셉을 가정 총무로 삼고 자기의 소유를 다 그의 손에 위탁하니"(창 39:4)

창세기 6장 8절에서는 노아가 하나님께 은혜를 받았을 때 이 단어가 사용되었습니다. 창세기 39장 4절에서는 요셉이 주인에게 은혜를 입었을 때, 룻기 2장 13잘에서는 룻이 보아스에게 은혜를 받는다는 의미로 사용되었습니다.

'라하밈'은 특별히 죄의 사유에 관한 은혜를 말할 때 사용되는 단어입니다. 그리고 '헤세드'는 '하나님의 인자하심'을 나타내는 단어입니다. 하나님의 헤세드는 원칙적으로 하나님의 계약을 지키는 백성에게 주어지는 하나님의 사랑을 나타내는 단어입니다.

룻기 2장 13절에서는 이 세 가지 중에서 '헨'이 사용되었습니다. 룻이 보아스에게 은혜를 베풀어달라고 요청하였습니다. 은혜가 부족해서 요청하는 것이 아닙니다. 욕심을 부리며 한 말도 아닙니다. 자신을 딸처럼 챙겨주는 보아스의 호의가 고맙고 배려가 감사해서 겸손히 은혜를 구하는 것입니다.

하나님께 은혜 입기를 원하는 사람은 하나님의 은혜가 모자라서 구하는 것이 아닙니다. 한번 하나님 은혜를 맛본 사람은 끊임없이 하나님의 은혜를 구합니다. 그 은혜가 없으면 살 수가 없기 때문입니다. 자기 힘으로 넉넉하게 할 수 있다고 생각하는 사람은 은혜를 구하지 않습니다. 자기 힘이나 노력으로 할 수 없음을 알고, 은혜가 없으면 안 된다는 것을 아는 사람은 겸손히 은혜를 구합니다.

사실 룻이 아침에 집을 나서며 대단한 은혜를 구한 것은 아닙니다. 그저 어느 밭이든지 이삭을 주울 수 있도록 허락을 받는 것이 그녀가 구한 은혜였습니다. 그러나 정말 간절히 구한 은혜였습니다. 당장 이삭이라도 줍지 못하면 시어머니와 함께 끼니를 거를 수밖에 없기에, 생존이 달린 문제 앞에 길이 보이지 않아 간절히 은혜를 구한 것입니다. 그렇게 은혜를 구했던 룻은 보아스에게서 위로를 받았습니다.

'위로'는 '나함'입니다. 이는 어떤 두려움이나 걱정 등에 휩싸인 자가 '두려움에서 한숨 돌린다'라는 말입니다. 룻이 은혜를 입으니 두려움에서 한숨 돌릴 수 있게 되었습니다. 두려웠던 이삭줍기가 오히려 위로를 받는 계기가 되었습니다. 은혜가 임하니 이삭을 줍는 것도 기쁨이 되었습니다. 은혜가 오면 이삭을 주워도 위로가 되고 기쁨이 있습니다.

이방 과부가 베들레헴 땅에서 이삭을 주우려면 사람들 눈치를 보아야 하고, 남의 밭에서 이삭을 줍는다는 것 자체가 부끄럽고 스트레스가 쌓이는 일이고, 자기가 정당하게 일하고 보수를 받는 것이 아니라 남들이 베푸는 은혜를 땅에 엎드려 줍는 일이기에 얼마든지 불평하고 한탄할 수 있었습니다. 그러나 룻이 은혜를 구했기에 은혜가 왔습니다.

룻이 두려운 마음으로 은혜를 구했더니 보아스를 만났습니다. 보아스를 만나니 두려움이 사라지고, 하나님의 축복을 받으니 기쁨이 오고 한숨이 사라졌습니다. 은혜가 마르면 불평이 늘어나고, 은혜가 마르면 한숨이 오고, 은혜가 마르면 웃음이 사라지고, 은혜가 마르면 기쁨보다 원망이 먼저 터져나옵니다.

하나님의 백성은 하나님 은혜로 살아야 합니다. 막막하고 앞이 보이지 않을 때, 더 간절히 '헤세드'의 하나님께 은혜를 구해야 합니다.

은혜가 쌓이면 '온전한 상'이 온다

"식사할 때에 보아스가 룻에게 이르되 이리로 와서 떡을 먹으며 네 떡 조각을 초에 찍으라 하므로 룻이 곡식 베는 자 곁에 앉으니 그가 볶은 곡식을 주매 룻이 배불리 먹고 남았더라"(룻 2:14)

보아스가 룻을 축복한 이후 은혜가 계속되었습니다. 보아스는 말로만 축복하고 나 몰라라 하는 사람이 아니었습니다. 룻에게 이삭을 줍도록 하고, 딸처럼 걱정하고 배려하며 은혜를 베푼데 이어, 보아스는 룻을 자신의 식탁으로 초대하였습니다.

룻은 보아스와 함께 떡을 먹고, 식탁의 초에 떡을 같이 찍어 먹었습니다. 이삭을 줍는 사람들에게는 상상할 수 없는 호강입니다. 그뿐 아니라 볶은 곡식까지 먹었습니다. 곡식 베는 소년들과 함께하는 자리에 여자로서는 유일하게 룻이 초대되었습니다. 그들 곁에 앉아 릇이 배불리 먹고도 음식이 남았습니다.

하나님의 은혜는 늘 넘치게 옵니다. 하나님의 백성은 그 풍족한 은혜로 살아갑니다. 그러나 은혜는 거저 누릴 수 있는 것이 아닙니다. 나를 내려놓아야 그 자리에 은혜가 채워집니다. 내 생각, 내 계획, 내 욕심이 비워지고 철저히 하나님만 바라보는 시공간 위에 은혜가 차곡차곡 쌓입니다. 이 은혜를 받아낼 빈손이 없으면 결코 하나님의 풍성함을 누릴 수 없습니다.

> "심령이 가난한 자는 복이 있나니 천국이 그들의 것임이요" (마 5:3)

오직 하나님 아니면 살 수 없다는 마음이 가난한 마음입니다. 이 마음이 있어야 하나님의 풍성함을 체험할 수가 있습니다. 욕심과 시기, 이기심과 자만으로 마음이 살쪄 있으면 은혜가 와도 그 은혜를 경험할 수가 없습니다.

하나님의 은혜는 마음이 가난한 사람만 누릴 수 있습니다. 은혜가 쌓이면 '온전한 상'이 옵니다. 대단한 일이 아니어도 일상과 일터에서 이삭을 줍듯 하나님께 은혜를 구하며 살아갈 때, 성실하신 하나님께서 온전한 상을 주십니다.

기도의 이삭줍기, 말씀의 이삭줍기, 선행의 이삭줍기, 친절의 이삭줍기, 헌신의 이삭줍기, 전도의 이삭줍기가 모이면 온전한 상이 옵니다. 삶의 모든 현장이 은혜의 추수밭입니다. 오직 은혜를 구하며 엎드리는 자에게 하나님은 은혜의 이삭을 넘치게 흘려 주십니다.

은혜가 충만한 벌판에서

> "룻이 이삭을 주우러 일어날 때에 보아스가 자기 소년들에게 명령하여 이르되 그에게 곡식 단 사이에서 줍게 하고 책망하지 말며
>
> 또 그를 위하여 곡식 다발에서 조금씩 뽑아 버려서 그에게 줍게 하고 꾸짖지 말라 하니라"(룻 2:15-16)

식사를 마치고 룻이 다시 일어나 이삭을 주울 채비를 했습니다. 이에 보아스가 소년들에게 명령합니다.

"곡식 단 사이에서 줍게 하고 책망하지 말라. 또 다발에서 일부러 조금씩 흘려 룻이 줍게 하고 꾸짖지 말라."

'책망하지 말라, 꾸짖지 말라'는 말만 들어도 당시 이삭 줍는 것이 얼마나 험하고 눈치 보는 일인지 알 수 있습니다. 가난하고 비천한 사람들이 하던 이삭줍기는 조금만 밉보여도 책망받고, 꾸

지람을 듣는 일이었습니다.

보아스는 일꾼들에게 뒤따라오며 이삭을 줍는 룻을 위하여 '일부러 보릿단에서 이삭을 빼내어 흘려주어라'라고 명하였습니다. 서로 더 많이 주우려다 책망받고 꾸지람을 듣기가 다반사인데 일부러 빼내주는 이삭을 줍는 것은 특별한 은혜입니다. 은혜가 풍성하신 하나님을 겸손히 따라가는 사람은 항상 은혜가 충만한 벌판에 있었습니다. 겸손히 은혜를 구하며 한 걸음씩 하나님 앞으로 나아갔던 룻은 은혜가 충만한 벌판에서 이삭을 주웠습니다.

아무것도 갚을 것이 없는 이방 과부였던 룻에게 보아스는 자신의 보리를 일부러 흘려주었습니다. 아무것도 갚을 것 없는 누군가를 위하여 나의 것을 일부러 흘려보내는 것이 은혜를 누리는 삶입니다.

이런 보아스를 하나님께서 택하셔서 유다 지파 '오벳'의 아버지가 되게 하셨습니다. 보아스가 이삭을 일부러 빼내어 그 이삭을 줍게 하는 것만으로는 룻의 삶의 문제를 다 해결해줄 수는 없었습니다. 그러나 보아스의 작은 호의로 이삭을 줍던 룻은 자신이 은혜의 벌판에 있음을 알았습니다. 은혜의 벌판을 걷고 있음을 아는 사람은 결코 주저앉지 않습니다.

멀리 희미하게 비치는 불빛 덕분에 누군가가 일어난다면 그 빛은 더 이상 희미한 빛이 아닙니다. 그 빛은 생명의 빛입니다. 힘들고 지친 이들을 위해 흘리는 이삭은 '이삭 그 이상의 위로'입니다. 지금 나의 다발에서 시간, 재능, 섬김을 다른 사람 앞에 흘려보낸다면 그것은 단순한 나의 것이 아니라 사람을 살리는 자원입니다. 이것이 은혜를 누리는 삶입니다. 은혜를 나누는 것은 은혜를 주신 이를 높여드리는 일입니다.

> "예수께서 또 말씀하여 이르시되 나는 세상의 빛이니 나를 따르는 자는 어둠에 다니지 아니하고 생명의 빛을 얻으리라" (요 8:12)

예수님은 우리의 생명을 일으키시기 위하여 세상의 빛으로 오셨습니다. 예수님은 힘들고 지친 우리에게 생명이 되어주시기 위해 생명의 빛으로 오셨습니다. 이 은혜를 누리고, 이 은혜를 나누는 삶이 주님과 동행하는 삶입니다.

고부 은혜

(룻 2:17-23)

시집살이 10년으로 터득한 삶의 기술

둘째 며느리인 저는 결혼 4년 차부터 시어머니를 모셨습니다. 시어머니는 성격도 좋으시고 사람들한테 인기도 많으셨는데 저와 생활 습관이 아주 달랐습니다. 그래서 시어머니를 모시는 것이 낯설고 어려웠습니다.

저희 부부는 아침에 빵을 먹었는데 어머니는 삼시세끼 밥을 드셨습니다. 어머니는 식사를 대충 차려 간단하게 드시는 분이 아니었습니다. 아침, 점심, 저녁 삼시세끼마다 갓 지은 밥을 드셨습니다. 시어머니 식사를 삼시세끼 차려 드리면 하루가 다 지나갔습니다.

새 밥을 짓는 것은 괜찮은데 남은 밥 처리가 힘들었습니다. 또 식탁에 두 번 오른 반찬은 드시지 않았기에 항상 새 반찬을 해드려야 했습니다. 제가 외출했다 돌아오면 어머니는 어디서 무엇을 했는지 꼬치꼬치 물으셨습니다. 어쩌다 쇼핑을 한 날은 쇼핑백을 자동차 트렁크에서 넣어두었다가 어머니가 안 계실 때 얼른 가지고 들어와 정리했습니다. 이렇게 어머니를 모시는 동안 늘 긴장하며 살았습니다.

어머니는 조그만 땅만 있으면 꽃을 심으셨고, 채소를 심으셨습니다. 당시에는 어머니와 함께 채소밭에 물 주는 것, 함께 밭일하는 것이 매우 귀찮았습니다. 특히 회색 토끼 두 마리를 키우는 일이 매우 힘들었습니다. 어머니께서 친척분 만나러 장기간 집을 비우실 때 싱싱한 당근과 양배추를 사서 토끼집에 넣어주는 것이 귀찮았습니다. 어머니는 토끼를 한 번씩 밖에 나다니게 하라고 하셨지만 저는 토끼를 잡아 다시 토끼집에 넣는 일이 힘들어서 한 번도 밖에 내어놓지 않았습니다. 그때는 토끼를 정말 애물단지처럼 여겼습니다. 두 아이 키우는 것도 힘이 드는데 토끼까지 키워야 하니 토끼만 보면 불평이 나왔습니다.

시어머니를 모시고 사는 것이 단순히 같이 산다는 의미를 넘어 매사가 조심스럽고 자유롭지 못했습니다. 많이 힘들었지만 어머니의 부지런함 덕분에 저희 동네 분들은 어머니가 가꾼 상추, 고추, 호박을 먹을 수 있었고 저도 나누는 기쁨을 함께 누릴 수 있었습니다. 늘 긍정적이시고 넉넉하게 대접하기를 좋아하셨던 어머니와 함께했던 날들은 지금의 제가 있기까지 소중한 자원이 되었습니다.

좋은 날, 궂은 날을 보내며 시어머니와 함께 10년을 살았습니다. '10년이면 강산도 변한다.'라는 속담처럼, 10년 시집살이에 서툴고 미숙했던 제가 많이 변했습니다. 결혼 전 음식을 해본 적이 없었던 제가 음식 솜씨가 뛰어난 어머니에게 배워 요리하는 일이 즐거움이 되었습니다. 늘 긍정적이셨던 어머니의 잔소리가 지금은 그립기까지 합니다. 당시에는 시집살이라 생각했던 어머니의 잔소리와 참견들은 오랜 연륜에서 우러나오는 어머니의 지혜였습니다. 이제는 더 듣고 싶어도 하늘나라에 계시니 들을 수가 없습니다.

요즘 스마트폰 사용이 일상화되면서 5060 세대의 '카톡 시집살이'에 대한 고충을 토로하는 며느리들이 있다고 합니다. 시어머니가 카톡으로 며느리에게 '실시간 시집살이'를 시키기 때문입니다. 카톡으로 별별 참견을 다 하는 시어머니와, 카톡 받는 것을 실시간 시집살이로 여기는 며느리, 별것도 아닌 것 때문에 갈등하고 마음이 상하는 관계가 고부 관계입니다. 서양에 '시어머니는 설탕으로 만들어도 쓰다'라는 속담이 있습니다. 동서고금을 막론하고 '고부 관계'는 어쩔 수 없이 갈등 관계입니다.

그래서 나오미와 룻의 관계가 더욱 감동적인 관계가 됩니다. 어찌 보면 과부 시어머니, 과부 며느리는 별일 없어도 갈등 관계입니다. 빈손 된 시어머니 모시겠다고, 하나님 백성으로 살겠다고 시어머니 고향에 왔지만, 각오로만, 결단으로만 살아지는 것이 아니기에 갈등이 없을 수 없습니다. 그런데 이 두 과부는 신기하게 갈등보다 은혜가 있습니다.

한 에바의 은혜

"룻이 밭에서 저녁까지 줍고 그 주운 것을 떠니 보리가 한 에바쯤 되는지라"(룻 2:17)

이스라엘 사람들은 해가 뜨면 일을 시작하고, 해가 지면 일을 마칩니다. 룻은 해가 질 때까지 열심히 이삭을 주웠습니다. 여기에서 "떠니"는 히브리어로 '하바트'입니다. 이 동사는 주로 적은 양의 곡식을 타작할 때 사용하는 단어입니다. 적은 양이라 하더라도 타작할 정도면 룻이 주운 이삭은 그리 적은 양이 아닙니다.

룻이 하루 동안 주운 이삭을 떨고 나니 보리가 한 에바쯤 되었습니다. '에바'는 성인이 하루 동안 먹을 수 있는 곡식의 열 배에 해당하는 양입니다. 한 오멜이 보통 성인이 하루 먹는 곡식 양입니다. '한 에바'는 '열 오멜'입니다. 우리나라 도량형으로는 약 '열두 되'입니다. 즉, 고봉 '한 말'입니다. 한 에바는 룻과 나오미가 약 5일 동안 먹을 수 있는 양입니다. 고대 바벨론 시대 남성 노동자의 하루 배급량이 1리터 정도였는데 그것의 열 배를 주웠으니 대단한 양입니다.

타작한 보리가 고봉 한 말이 되었다는 것은 룻의 열심이 한몫을 했지만 누군가의 도움이 없이는 절대적으로 불가능한 양입니다. 은혜를 구하고 들어간 밭이었기에 수고와 노력한 그 이상의 이삭을 주웠습니다. 이삭을 주워도 은혜가 있으면 성인 남자의 품삯을 능가할 수 있습니다.

너를 돌본 자에게 복이 있기를

"그것을 가지고 성읍에 들어가서 시어머니에게 그 주운 것을 보이고 그가 배불리 먹고 남긴 것을 내어 시어머니에게 드리매 시어머니가 그에게 이르되 오늘 어디서 주웠느냐 어디서 일을 하였느냐 너를 돌본 자에게 복이 있기를 원하노라 하니 룻이 누구에게서 일했는지를 시어머니에게 알게 하여 이르되 오늘 일하게 한 사람의 이름은 보아스니이다 하는지라"(룻 2:18-19)

룻이 하루 동안 주운 보리 한 말과 보아스가 준 볶은 곡식을 이고 서둘러 성읍으로 돌아왔습니다. 하루 종일 힘들게 이삭은 주웠지만 이고 갈 수 있으니 은혜입니다. 나오미도 이삭 주우러 나간 며느리만큼 하루를 힘들게 보냈습니다. 거친 남자들 틈에서 젊은 며느리가 이삭을 주울 생각을 하니 마음이 편하지 않았습니다. 그런데 룻이 한 말이 훨씬 넘는 보리와 볶은 곡식을 시어머니 앞에 내려놓자 나오미가 놀랐습니다. 이삭만 주워서는 도저히 고봉 한 말이 될 수 없습니다. 그래서 묻습니다.

"어디서 주웠느냐? 어디서 일을 하였느냐?"

종일 룻을 걱정했는데, 뜻밖에 이삭을 많이 가지고 돌아온 것이 반가워서 하는 말이 아닙니다. 룻에게 뭔가 특별한 일이 있었음을 눈치채고 그 일을 알고자 하는 질문입니다.

나오미의 상식으로 누군가의 도움을 받지 않고는 도저히 그만한 양의 이삭을 주울 수 없기 때문입니다. 룻에게 도움 준 사람이 몹시 고마워서 나오미는 그가 누구인지 확인도 하기 전에 축복하였습니다.

"너를 돌본 자에게 복이 있기를 원하노라!"

이방 과부인 룻에게 이런 은혜를 베푼 사람이라면 하나님께서 마땅히 축복하실 것이라는 의미입니다. 룻이 자초지종을 이야기했습니다.

"오늘 이삭을 주운 밭의 주인이 보아스였습니다."

이삭줍기 일을 시작한 첫날, 룻이 우연히 들어간 밭이 보아스의 밭이었습니다.

은혜가 오면 하나님의 일이 보인다

> "나오미가 자기 며느리에게 이르되 그가 여호와로부터 복 받기를 원하노라 그가 살아 있는 자와 죽은 자에게 은혜 베풀기를 그치지 아니하도다 하고 나오미가 또 그에게 이르되 그 사람은 우리와 가까우니 우리 기업을 무를 자 중의 하나이니라 하니라"(룻 2:20)

룻이 말하는 보아스는 나오미도 잘 알고 있는 엘리멜렉의 친척이었습니다. 나오미는 죽은 사람이나 살아 있는 사람이나 한결같이 대하는 보아스가 고마웠습니다. 가진 것이 넉넉하다고 남을 도울 수 있는 것이 아닙니다. 진심으로 이웃에게 관심을 기울이고 그의 필요를 살펴야 누군가를 제대로 돌볼 수 있습니다.

나오미와 룻에게 관심을 기울이는 보아스의 신실함에 감동하여 나오미가 보아스를 축복합니다. 가난하고 소외된 젊은 이방 과부를 돌아본 것만으로 나오미는 보아스가 고맙기만 합니다. 말로 표현할 수 없이 고마운 보아스였지만 무엇으로도 갚을 것이 없기에 간절한 마음으로 하나님의 축복이 임하기를 빌어줍니다.

"일하는 자에게는 그 삯이 은혜로 여겨지지 아니하고 보수로 여겨지거니와
일을 아니할지라도 경건하지 아니한 자를 의롭다 하시는 이를 믿는 자에게는 그의 믿음을 의로 여기시나니
일한 것이 없이 하나님께 의로 여기심을 받는 사람의 복에 대하여 다윗이 말한 바
불법이 사함을 받고 죄가 가리어짐을 받는 사람들은 복이 있고
주께서 그 죄를 인정하지 아니하실 사람은 복이 있도다 함과 같으니라"(롬 4:4-8)

일한 사람은 품삯을 마땅히 여깁니다. 품삯은 일한 사람이 마땅히 받는 보수이기 때문입니다. 그러나 일한 것이 없는 사람이 품삯을 받는 것은 은혜입니다. 나오미는 베푼 것도 없는데 보아스가 은혜를 베푸니 그저 감사한 것입니다. 그래서 마음 깊이 우러나는 축복을 빌어주는 것입니다.

우리 역시 구원받을 만한 존재이거나 구원받을 만큼 선행을 많이 해서 구원을 받은 것이 아닙니다. 하나님께서 조건 없이 자

기 아들을 내어 주셔서 우리 죄의 값을 치러주셨기에 우리가 행복한 의인이 되었습니다. 행복한 사람은 하나님께서 그의 잘못을 용서해주시고, 그의 죄를 덮어준 사람입니다. 주님께서 죄가 없다고 인정해주시는 것이 은혜입니다. 내가 한 일이 아무것도 없음에도 불구하고 나를 의인으로 인정해주시는 것이 은혜입니다.

나오미가 룻을 바라보며 말하였습니다.

"그는 우리의 기업을 무를 자 중의 하나이니라."

'기업 무를 자'는 히브리어로 '고엘'입니다. '고엘'은 동사 '가알'에서 파생된 분사입니다. '가알'은 '도로 사다', '속전을 주고 구제하다'는 의미입니다. 구약성경에 보면 다음 세 가지 경우에 '고엘'은 '율법에서 정한 구속자'가 되었습니다.

첫째, 이스라엘 백성 중 땅을 팔게 되면 가까운 친족이 그 땅을 대신 사서 돌려줄 수 있습니다. 이때 그 땅을 사는 친족을 '고엘'이라고 합니다.(레 25:25-26)

둘째, 이스라엘 백성 가운데 재정적인 이유로 스스로 종으로 팔리는 경우, 가까운 친척이 팔린 값을 갚아주면 그는 자유롭게 됩니다. 이때 빚을 갚아준 친족을 '고엘'이라 합니다.(레 25:47-50)

셋째, 한 사람이 다른 사람에게 죽임을 당했을 때, 죽은 자의 친족 중에서 복수할 권한을 가진 사람을 '고엘'(민 35:25)이라고 합니다.

나오미가 보아스를 '고엘'이라 한 것은 원래 엘리멜렉의 소유였던 토지를 다시 찾아줄 수 있는 의무와 권리가 있는 사람이라는 의미입니다.

이스라엘의 고엘 제도는 스스로 도저히 구원할 수 없는 이스라엘 백성을 그의 친족들이 대신 구원해준다는 의미의 제도입니다. 나오미와 룻이 기업을 이어가려면 가까운 친족 가운데 누군가가 '고엘'이 되어주어야 했습니다. 보아스는 '고엘'이 될 수 있는 친척 가운데 한 사람이었습니다. 만일 보아스가 나오미와 룻의 '고엘'로 확정된다면 나오미와 룻이 기업을 이어갈 수 있게 됩니다.

보아스가 '고엘'로 정해진 것은 아닙니다. 그러나 나오미는 보아스가 베푸는 은혜를 보고 확신하였습니다. 나오미는 보아스의 은혜를 단순히 사람의 은혜로만 여기지 않았습니다. 나오미를 '마라'가 되게 하신 전능자 하나님께서 반드시 보아스를 '고엘'로 정해 주실 것을 믿었습니다.

은혜가 오면 하나님께서 하시는 일이 보입니다. 룻의 이야기를 듣고 나오미는 보아스를 통하여 고엘을 이루실 하나님을 보았습니다.

이삭보다 더 중요한 하나님의 기업

"모압 여인 룻이 이르되 그가 내게 또 이르기를 내 추수를 다 마치기까지 너는 내 소년들에게 가까이 있으라 하더이다 하니

나오미가 며느리 룻에게 이르되 내 딸아 너는 그의 소녀들과 함께 나가고 다른 밭에서 사람을 만나지 아니하는 것이 좋으니라 하는지라"(룻 2:21-22)

나오미의 이야기를 들은 룻은 보아스의 호의가 단순히 이방 여인을 불쌍히 여겨서 베푼 것이 아님을 알았습니다. 룻은 보아스가 자신을 특별히 대해준 이유를 비로소 알게 되었습니다. 시어머니의 말을 듣고 보니 엘리멜렉가家와 보아스 집안은 보통 친척이 아니었습니다.

그래서 보아스가 룻에게 자기 밭을 떠나지 말고 보리 베는 소년들 뒤를 가까이 따르라 한 것입니다. 자신이 기업 무를 자 가운데 하나이기에 보아스는 룻이 이삭줍기를 마칠 때까지 룻을 보호하고, 나오미와 룻의 생계에 도움을 주려 했던 것입니다.

나오미가 룻에게 말했습니다.

"이제 너는 다른 밭에서 사람을 만나지 말고 보아스의 소녀들과만 함께 있으라."

나오미가 직감으로 하는 말입니다. 전에는 이 직감이 없어서 모압으로 갔습니다.

이 직감은 하나님 관점으로 상황을 바라보는 것입니다. 하나님 관점에서 바라보니 두 과부에게 지금 중요한 것은 이삭이 아니었습니다. 두 과부에게 이삭보다 더 중요한 것은 하나님의 기업이었습니다.

나오미가 룻에게 '소년들 뒤를 따르지 말고 소녀들 뒤를 따르라' 한 것은 이삭줍기보다 더 중요한 것이 있다는 의미입니다. 룻이 소년들 뒤를 따라가면 이삭은 많이 주울 수 있습니다.

그러나 하나님의 섭리를 깨달은 나오미에게 이삭은 그리 중요하지 않았습니다. 지금은 룻이 이삭을 많이 줍는 것보다 보아스의 아내로 정절을 지키는 것이 더 중요했습니다. 두 과부가 한 끼 더 배부르게 먹는 것보다 두 과부가 엘리멜렉의 기업을 이어가는 것이 더 중요했습니다.

하나님의 섭리를 깨달으면 분별력이 생깁니다. 하나님의 섭리를 깨달으면 욕심을 내려놓게 됩니다.

세상에서 '무엇을 얼마나 더 얻을까?'하며 여기저기 한눈팔면 은혜가 사라집니다. 직감이 무디어집니다. 당장 한 끼 배부름을 미루고 영원한 하나님의 기업을 택하는 것이 은혜입니다.

세상의 배부름에서 물러나 하나님의 기업을 택하는 것이 거룩함입니다. 이 거룩한 분별력이 하나님 백성답게 살게 합니다.

하나님 백성답게 사는 것이 은혜입니다. 은혜가 없어서 못 받는 것이 아닙니다. 은혜받을 그릇을 준비하지 못해서 은혜를 못 받습니다.

순종하는 룻

"이에 룻이 보아스의 소녀들에게 가까이 있어서 보리 추수와 밀 추수를 마치기까지 이삭을 주우며 그의 시어머니와 함께 거주하니라"(룻 2:23)

룻은 시어머니의 말대로 순종하였습니다. 한시도 쉬지 않고 이삭을 주우면서 시어머니가 일러준 대로 소년들을 따라가지 않고 소녀들 가까이에 있었습니다. 하루 만에 보리 이삭을 한 말이나 주웠지만 룻은 더 욕심부리지 않았습니다. 자기 방식대로 이삭을 줍는 것이 옳다고 시어머니에게 고집을 부리지도 않았습니다.

룻은 여기저기 한눈팔지 않고 보아스의 밭을 떠나지 않았습니다. 아무나 만나지도 않았습니다. 보아스의 밭에서 이삭을 줍는 동안 어떤 사람도 룻을 건드리거나 희롱할 수 없었습니다. 보리와 밀 추수를 마치기까지 룻은 시어머니에게 순종하며 시어머니와 함께 거주했습니다.

"네 부모를 공경하라 그리하면 네 하나님 여호와가 네게 준 땅에서 네 생명이 길리라"(출 20:1)

"자녀들아 주 안에서 너희 부모에게 순종하라 이것이 옳으니라

네 아버지와 어머니를 공경하라 이것은 약속이 있는 첫 계명이니

이로써 네가 잘되고 땅에서 장수하리라"(엡 6:1-3)

자녀가 잘되는 길은 부모를 공경하는 것입니다. 자녀는 부모에게 순종하는 것이 마땅합니다. 십계명의 제5계명은 부모를 공경하고, 부모에게 순종하면 땅에서 잘되게 하신다는 하나님의 약속입니다.

이방 땅에서 자라 젊어서 과부가 된 룻입니다. 어떤 일을 계획해도 척척 해내는 룻입니다. 보아스에게 사랑도 받고 있었습니다. 그러나 룻은 시어머니를 무시하지 않았고, 자기 계획대로 하지도 않았습니다. 오직 시어머니에게 순종하며 따라가는 룻의 모습이 참으로 아름답습니다.

마지막에 웃으려면 하나님 말씀을 따라가야 한다

풍요로움보다 더 중요한 것이 있습니다. 그것은 바로 하나님의 백성으로 사는 것입니다. 하나님의 기업이 풍족함의 근원입니다. 하나님의 기업은 부도가 나지 않습니다. 두 과부가 이삭에 욕심을 내었다면 이삭은 더 많이 모았을지 몰라도 하나님의 기업은 이어받지 못했을 것입니다.

잘 먹고 잘사는 것이 삶의 목적이 되어서는 안 됩니다. 하나님의 기업이 삶의 목적이 되어야 합니다. 우리가 하나님의 기업을 잇기 위해 달려갈 때, 삶의 수단과 방법이 달라집니다. 내 계획이나 나의 의지가 아니라 하나님의 말씀을 따라가게 됩니다. 하나님의 말씀을 따라가야 마지막에 웃습니다. 하나님 말씀이 우리가 가야 할 방향입니다. 내 생각을 내려놓고, 내 계획을 내려놓으면 하나님의 생각과 계획이 보입니다.

"아브라함이 엎드려 웃으며 마음속으로 이르되 백 세 된 사람이 어찌 자식을 낳을까 사라는 구십 세니 어찌 출산하리요 하고"(창 17:17)

"사라가 속으로 웃고 이르되 내가 노쇠하였고 내 주인도 늙었으니 내게 무슨 즐거움이 있으리요"(창 18:12)

아브라함이 아들을 낳을 것이라는 하나님의 말씀을 듣고 엎드려 웃었습니다. 사라 또한 자신이 아들을 낳을 것이라는 하나님의 말씀을 듣고 속으로 웃었습니다. 이들 부부가 엎드려 웃고, 속으로 웃는 것은 기뻐서 웃는 웃음이 아닙니다. 아브라함과 사라 두 사람 모두 '아들을 낳을 것'이라는 하나님의 말씀을 듣고 기가 막혀 웃었습니다.

"그러자 야훼께서 아브라함에게 말씀하셨다. "사라가, 다 늙은 몸으로 어떻게 아기를 낳으랴 하며 웃으니, 될 말이냐?"(창 18:13) (공동번역성서)

하나님께서 이들 부부에게 말씀하시는 것을 보면 아브라함도 사라도 기가 막혀 웃은 것입니다. 100세 된 아브라함과 사라 사이에 아들이 태어날 가능성이 하나도 없어서 웃었다는 의미입니다.

"사라가 이르되 하나님이 나를 웃게 하시니 듣는 자가 다 나와 함께 웃으리로다"(창 21:6)

그러나 하나님 말씀대로 사라가 '웃게' 되었습니다. 기가 막힌 말이라 생각해 아브라함이 엎드려 웃으며, 사라가 속으로 웃었지만 결국 하나님 말씀대로 사라가 '웃게' 되고, 듣는 사람이 다 '웃게' 되었습니다.

'웃다'는 히브리어로 '짜하크'라는 동사입니다. '이삭'은 히브리어로 '이쯔하크'라는 명사입니다. '이삭'(이쯔하크)은 '웃다'(짜하크)라는 동사에서 나온 명사입니다. '이쯔하크!' 찡그리며 부를 수 없는 이름입니다. 입을 쫙쫙 벌리고 웃어야 부를 수 있는 이름입니다.

25년 동안이나 기다렸다 낳은 아들이니 웃지 않고 부를 수 없었습니다. 아브라함이 기가 막혀 배꼽 잡고 엎드려 웃었을지라도, 사라가 기가 막혀 속으로 웃었을지라도 그 말씀이 하나님 입에서 나온 말씀이면 사라와 아브라함을 기쁨으로 웃게 하고 사라와 아브라함을 통해 모든 사람을 기쁨으로 웃게 합니다.

마지막에 웃으려면 가능성이 전혀 없어도, 상식적으로 이해가 안 되어도 하나님 말씀을 그대로 믿어야 합니다.

두 과부 또한 기가 막힌 상황에서 끝까지 하나님 말씀을 따라갔기에 마지막에 웃게 되었습니다. 하나님 말씀을 따라가면 마지막에 웃을 수 있습니다.

'이보다 더 좋을 수 없다'로 가는 방향

나오미와 룻, 두 사람은 보통 고부 관계가 아니었습니다. 두 과부는 하나님의 기업을 이어가려고 서로 협력하였습니다. 두 과부가 열심히 일했다면 조금 더 배부른 삶을 살았을 것입니다. 그러나 이 두 과부가 하나님의 섭리를 깨달았기에 모든 것이 은혜로 연결이 되었습니다.

보아스를 만나고, 보아스의 밭에서 이삭을 많이 주워서 이들이 은혜를 입은 것이 아닙니다. 고부가 함께 하나님을 바라보고 하나님의 섭리에 순종했기에 은혜를 입은 것입니다. 은혜가 있었기에 이삭줍기가 하나님의 기업이 되었습니다. 주어진 모든 환경을 감사하시고 하나님의 관점으로 바라볼 때 이삭줍기도 하나님 기업입니다.

빈손 된 과부 시어머니와 청상과부 이방 며느리. 최악의 조합입니다. 이보다 더 나쁠 수 없는 조합입니다. 더 이상 나빠질 수 없는 최악의 상황에서 두 과부가 바른 방향을 찾았기에 '이보다 더 좋을 수는 없다'는 방향으로 회복되었습니다. '이보다 더 좋을 수 없다'로 가는 방향이 하나님의 말씀입니다. '환상의 컬래버레이션(Collaboration)!'을 이루는 비결은 하나님 말씀 안에 있습니다. 모든 사람이 느끼는 고부갈등, 최악의 환경, 아무런 희망이 없는 그곳에서 오직 하나님 말씀만이 희망입니다. 하나님 말씀이 은혜의 통로입니다.

"들어가서 그들에게 이르시되 너희가 어찌하여 떠들며 우느냐 이 아이가 죽은 것이 아니라 잔다 하시니 그들이 비웃더라 예수께서 그들을 다 내보내신 후에 아이의 부모와 또 자기와 함께 한 자들을 데리시고 아이 있는 곳에 들어가사

그 아이의 손을 잡고 이르시되 달리다굼 하시니 번역하면 곧 내가 네게 말하노니 소녀야 일어나라 하심이라

소녀가 곧 일어나서 걸으니 나이가 열두 살이라 사람들이 곧 크게 놀라고 놀라거늘"(막 5:39-42)

회당장 야이로의 딸이 이미 죽었지만 "소녀야 일어나라(달리다굼)"는 예수님의 말씀을 듣고 살아났습니다. 예수님의 말씀은 죽은 자도 살리는 말씀입니다. 죽은 자도 살아나는 기적의 역사는 예수님 말씀에서 시작됩니다. 모든 은혜의 중심에는 주님의 말씀이 있습니다.

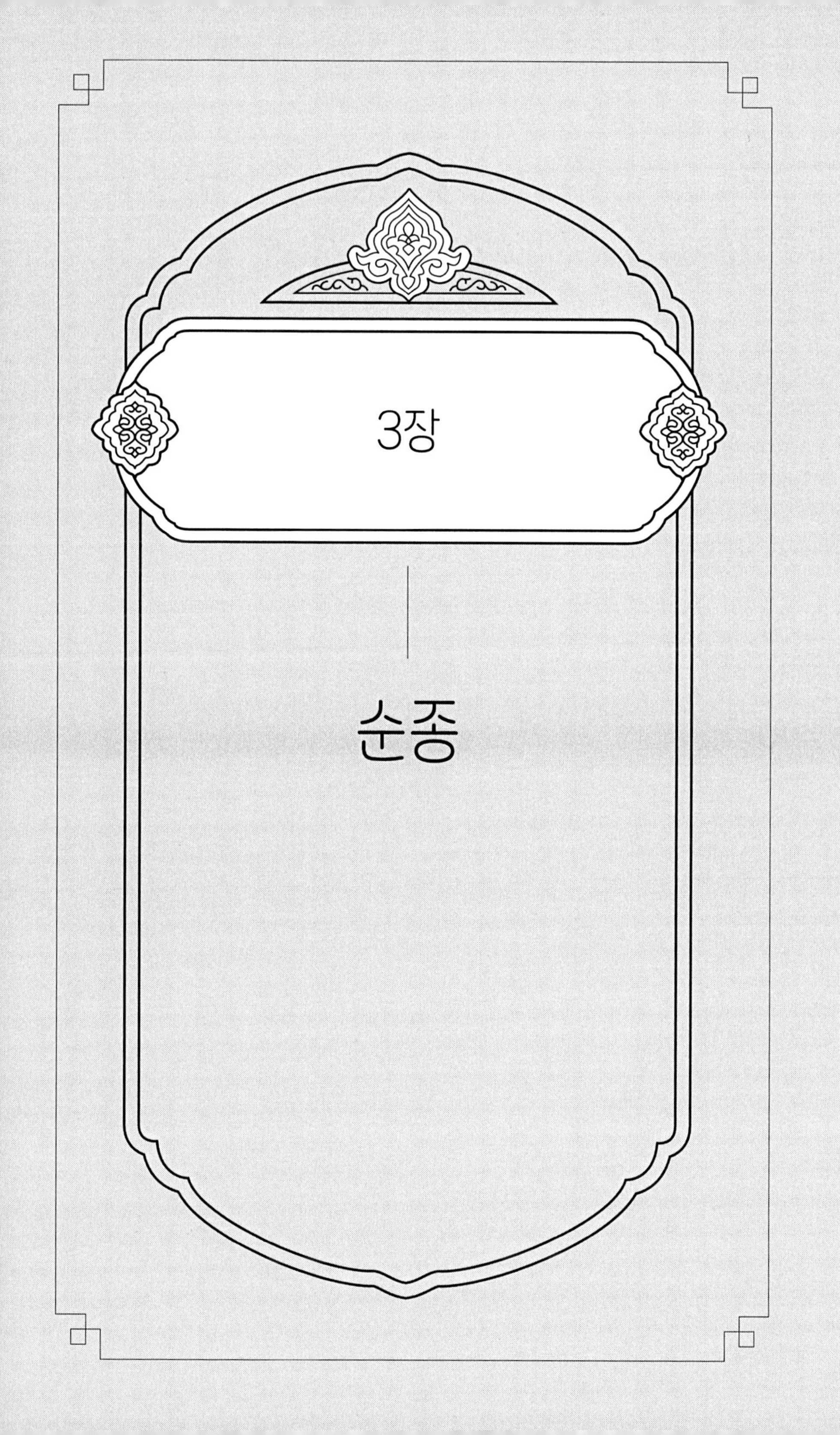

3장

순종

청혼전략

(룻 3:1-5)

룻의 인생을 180도로 바꾼 시어머니의 전략

룻기 3장 1절에서 5절은 룻의 인생 대전환이 시작되는 본문입니다. 모두 다섯 절입니다. 이 다섯 절의 내용은 룻의 결혼을 위한 시어머니 나오미의 전략과 순종하겠다는 룻의 대답이 전부입니다. 나이 들고, 아무것도 가진 것이 없었던 과부 시어머니, 짐만 되었던 과부 시어머니의 전략이 며느리 룻의 인생을 완전히 바꾸어놓았습니다.

"행위가 온전하여 여호와의 율법을 따라 행하는 자들은 복이 있음이여
여호와의 증거들을 지키고 전심으로 여호와를 구하는 자는 복이 있도다"(시 119:1-2)

하나님의 말씀을 자신들이 지켜야 할 법으로 알고, 그 법을 온전하게 지키는 사람은 하나님께서 책임져주십니다. 하나님의 말씀을 행동의 지침으로 삼는 인생은 결코 어긋나지 않습니다.

풍요보다 더 큰 은혜 '복된 안식'

"룻의 시어머니 나오미가 그에게 이르되 내 딸아 내가 너를 위하여 안식할 곳을 구하여 너를 복되게 하여야 하지 않겠느냐"(룻 3:1)

룻이 이삭줍기를 시작한 첫날부터 매일 고봉 한 말의 보리를 주웠습니다. 매일 그만큼은 아니더라도 룻이 약 2개월 남짓 추수 기간 내내 이삭을 열심히 주웠으니 그 양은 상당했을 것입니다. 그 정도 양이면 나오미와 룻 두 과부가 풍족하지는 않아도 그럭저럭 살 수는 있었습니다.

젊고 건강한 룻이 크게 아프지 않고, 고만고만하게 이삭만 줍는다면 앞으로 두 과부는 고만고만하게 살아갈 수 있습니다. 그런데 나오미가 이런 안전한 상황을 뒤로하고, 룻에게 새로운 인생을 찾아주기 위해 새로운 위기를 맞습니다.

나오미는 딸 같은 룻이 거친 들에서 이삭 줍는 삶을 사는 것으로 만족하지 않았습니다. 지금은 비록 이삭을 줍지만, 나오미는 '이삭 그 이상의 은혜'를 바라보았습니다. 그 은혜가 '안식'입니다. 오늘 본문에서 '안식할 곳'은 히브리어로 '누아흐'에서 나온 명사입니다. 이는 '안정된 곳'을 말합니다. '복되게'는 히브리어로 '야타브'입니다. 이는 '즐겁다', '기쁘다'는 말입니다. 나오미는 룻이 베들레헴에서 행복하고, 안정된 삶을 살기를 원했습니다.

나오미가 볼 때, 룻에게 필요한 것은 이삭을 많이 줍는 것이 아니었습니다. 나오미는 룻이 안식할 곳을 찾아 복되게 사는 것을 자신의 존재 의무로 여겼습니다. 그래서 "내가 너를 복되게 해야 하지 않겠느냐?"라고 하며 룻의 결혼을 성취하겠다고 작정하였습니다.

모압에서 베들레헴에 돌아올 때 나오미는 "사람이 떡으로만 사는 것"이 아님을 철저히 깨달았습니다. 풍요를 따라 베들레헴을 떠나 모압으로 갔지만 베들레헴으로 돌아온 지금은 풍요 때문에 사는 것이 아니었습니다. 나오미는 풍요보다 더 풍요로운 은혜가 '복된 안식'임을 깨달았습니다.

'안식'은 하나님께서 사람에게 주신 가장 큰 복입니다. 구약에서 히브리어로 '안식'은 '메누하' 그리고 '샤바트'입니다. '메누하'는 '안식'(rest)과 '안식의 상태'를 의미합니다. 이 단어의 의미로 볼 때 '안식'은 '일의 완성과 피조물에 대한 하나님의 기쁨의 상징'입니다. 여섯째 날에 창조된 사람은 이 안식에 참여하여 하나님의 기쁨을 누릴 수 있게 되었습니다.

'사바트'는 주로 '하나님의 거룩한 안식일'에 관련되어 사용되었습니다. '사바트'는 피조물이 창조주 하나님과 구속주 하나님을 기억하며 그날을 거룩하게 구별하는 것을 의미합니다. 신약에서 '안식'은 헬라어로 '카타파우시스'입니다. 예수님은 자신이 안식일의 주인이시라고 말씀하셨습니다. 예수님은 '안식일이 편협한 율법을 지키기 위해 있는 것이 아니라 회복과 이웃 사랑을 위해 있다'고 하셨습니다. 그래서 예수님은 안식일에 질병에 묶인 자들을 치유하시고 회복시키셨습니다.

나오미가 남편 잃고, 아들 잃고, 빈손 되고 보니 가장 소중한 것이 바로 이 '안식'임을 깨달았습니다. 젊은 과부 룻의 삶이 회복되어 가정을 이루고, 하나님의 복을 누리는 것이 가장 큰 복임을 나오미가 알게 된 것입니다. 그래서 딸 같은 며느리에게 안식할 곳을 찾아주기로 시어머니가 작정하고 결심한 것입니다.

나오미의 직감

"네가 함께 하던 하녀들을 둔 보아스는 우리의 친족이 아니냐 보라 그가 오늘 밤에 타작 마당에서 보리를 까불리라"(룻 3:2)

매일 이삭을 주워오는 며느리를 보면서 나오미는 매일 자신의 신세를 한탄하지 않았습니다. 오히려 룻의 행복을 찾아 주기 위하여 최선을 다하였습니다. 매일 룻이 이삭을 주우러 나가면 나오미는 룻의 재혼에 대하여 생각하였습니다. 보아스의 호의를 듬뿍 받고 있는 룻을 보면서 나오미는 구체적으로 계획을 세웠습니다. 보아스보다 가까운 친족이 있기는 하지만 나오미는 직감적으로 보아스를 룻의 고엘로 여겼습니다.

이스라엘에서는 타작철이 되면 보통 오후 5시에서 타작을 시작해서 해가 진 후까지 타작을 했습니다. 이때만 바람이 불었기 때문에 밤늦게도 보리를 타작했습니다. 그래서 일꾼들이 집으로 돌아가지 않고, 타작을 마치고 타작마당에서 잠을 잤습니다. 이것을 잘 아는 나오미의 머리에 섬광처럼 스치는 것이 있었습니다.

'보라! 그렇지. 마침 오늘 밤 보아스가 타작을 하는 날이구나!'

매일 수도 없이 룻의 재혼에 대해서 생각했는데, 마침내 그 생각을 현실로 만들 기회가 온 것입니다. 그날이 바로 '오늘 밤'입니다. 적당히 이삭이나 줍거나, 이삭에만 급급했다면 이런 기회가 와도 그것이 '기회'인지 '우연'인지 분별할 수가 없습니다.

그래서 우리는 매일 하나님께 집중하고, 하나님께서 하시는 일을 깊이 묵상하며 살아야 합니다. 아무 생각 없이 그저 당면한 일에만 전전긍긍하며 살아가면 기회가 와도 잡을 수가 없습니다. '어떻게 하면 룻에게 새로운 인생을 찾아줄 수 있을까?'하며 매일 이렇게 생각하고, 저렇게 생각하고, 수도 없이 많은 생각을 했기에 그 생각의 퍼즐이 '타작마당 사건'으로 맞추어진 것입니다.

"보라!"

이 말은 이제부터 일어날 일들을 주목하라는 감탄사로, '보아스가 오늘 밤에 타작마당에서 보리를 까불리라'는 말 앞에 사용되었습니다. 보리밭 주인이 추수를 마치고 자기 밭에서 타작을 하는 것은 감탄할 이유가 없습니다. 그것은 당연한 일입니다. 그러나 나오미가 볼 때 그날 밤은 평범하게 타작하는 날이 아니었습니다. 그날 밤은 룻에게 특별한 날이 될 것이라는 확신이 있었기에 감탄하는 것입니다.

하나님의 섭리가 이루어지는 은혜의 밤

"그런즉 너는 목욕하고 기름을 바르고 의복을 입고 타작마당

에 내려가서 그 사람이 먹고 마시기를 다하기까지는 그에게 보이
지 말고"(룻 3:3)

참으로 주도면밀하고 용의주도한 시어머니의 전략입니다. 나오미는 조금도 조급해하거나 서두르지 않았습니다.

나오미가 룻에게 말하였습니다.

"너는 목욕을 하고, 향수를 바른 다음 장옷을 입고, 그 댁 타작마당에 내려가 보아라. 그분이 저녁 식사를 마치기까지는 눈에 띄지 않도록 하여라."

이 준비는 신부가 신랑을 맞이하기 위한 준비입니다. 사사시대에 여성이 목욕하고 몸에 기름을 바른다는 것은 매일 있는 일은 아니었습니다. 목욕하고 기름을 바른다는 것은 자신의 몸을 구별하는 상징입니다. 룻이 목욕하고 기름을 바르고, 장옷(시믈라/히브리어: 온몸을 감싸고 다리까지 덮을 수 있는 긴 옷)을 입는 것은 자신을 위한 일이 아니라 신랑을 위한 준비였습니다.

지금까지 룻은 보아스의 하녀들과 구분 없이 이삭을 주웠습니다. 그러나 오늘 밤은 다릅니다. 나오미의 전략이 빗나가지 않는다면 오늘 밤은 룻이 보아스의 아내가 되는 밤입니다. 하나님의 섭리가 이루어지는 은혜의 밤입니다.

몸을 씻고, 기름을 바르고, 의복을 입는 삼중 준비는 신부로서 완전한 준비를 의미합니다. 이 세 개의 과정은 단순히 외적인

준비가 아닙니다. 이것은 지금까지 룻이 입었던 과부의 옷을 벗고, 한 남성과 새로운 삶으로 출발하기 위해 준비하는 과정입니다. 그렇게 마음과 몸을 정결하게 하고, 타작마당으로 내려가기 위해 룻이 다시 집을 나섰습니다.

보아스가 수확한 이삭을 타작하고 함께 타작한 사람들과 식사를 하는 그날 밤, 나오미는 룻에게 식사하는 사람들의 눈에 띄지 말라고 주의를 주었습니다. 타작을 마친 사람들은 온종일 일을 했기에 누구나 땀 냄새가 나고, 의복에 티끌이 묻어 있습니다. 그런데 룻이 몸을 씻고, 기름을 바르고, 의복을 단정히 입고 나타나면 사람들은 이상하게 생각할 것입니다. 보아스 역시 평소와 전혀 다른 모습으로 나타난 룻을 자신을 유혹하려는 이방 여인으로 착각할 수도 있습니다. 그래서 나오미가 룻에게 보아스가 다 먹고 마실 때까지 몸을 숨기라고 한 것입니다.

나오미의 전략이 치밀하고 빈틈이 없습니다. 연륜에서 나오는 전략입니다. 그러나 어떤 변수가 생겨 혹시라도 나오미의 계획이 틀어질 수 있으니, 난감해질 상황은 최대한 피해야 합니다. '호사다마好事多魔'라는 말이 있습니다. '좋은 일에는 탈이 많다'는 의미입니다. 좋은 일일수록 더 많은 주의가 필요합니다. 하나님의 섭리가 이루어지는 밤, 나오미는 조심스럽게 룻을 인도하였습니다.

그다음은 하나님께서 하신다

"그가 누울 때에 너는 그가 눕는 곳을 알았다가 들어가서 그의 발치 이불을 들고 거기 누우라 그가 네 할 일을 네게 알게 하리라 하니"(룻 3:4)

타작마당은 히브리어로 '고렌'입니다. 팔레스타인 지역에서 타작마당은 산허리 또는 언덕 위의 통풍 잘 되는 장소에 만들었습니다. 보통 타작마당은 직경 8~12미터의 원형 지면을 만들고, 돌을 골라낸 후, 주위에는 곡식알이 흩어지지 않도록 돌로 테두리를 만들었습니다. 보리 수확 시기는 비가 오지 않으므로 보릿단을 무릎 정도 높이로 쌓고 소가 그 위를 밟게 하든지, 타작기나 탈곡 수레로 밟아서 탈곡을 하였습니다. 그리고 나머지 짚과 섞인 보리는 키를 이용하여 거둬들였습니다.

대부분의 타작마당은 개인 소유였지만 부락이 공동으로 사용하기도 하였습니다. 공동 타작마당은 타작을 하지 않을 때는 집회 장소 또는 아이들의 놀이터가 되기도 하였습니다.

타작마당에서 룻이 할 일은 세 가지입니다. 절대 보아스의 눈에 띄지 않을 것, 동시에 보아스가 눕는 곳을 미리 알아 놓을 것, 그리고 보아스의 발치 이불을 들고 거기 눕는 것입니다.

시어머니 나오미가 룻에게 준 타작마당 미션은 룻에게는 매일 이삭을 줍는 일보다 더 힘든 일이었습니다. 타작마당은 몸을 숨길 만한 곳이 없었습니다. 타작마당에서 보아스의 잠자리 역시 변변치 않았습니다. 보아스가 잠을 자면 그때, 룻은 보아스의 발치 이불을 들고 누워야 합니다. 한 여인이 한 남자의 옷을 들치는 일은 구약 성경에서 이 기록이 유일합니다.

시어머니 나오미가 준 타작마당 미션은 보리 이삭을 줍는 일보다 더 큰 은혜가 필요했습니다. 이삭 줍는 일은 거절당해도 부끄러운 일은 아닙니다. 그러나 룻이 보아스의 발치 이불을 들고 눕는 일이 거절당한다면 룻은 돈 많은 유력자를 유혹하려 한 여인으로 낙인이 찍힐 것이 자명합니다. 또한 모압에서 남편을 이미 잃었던 룻이 청혼을 거절당하면 룻의 인생에 트라우마가 될 수 있는 일이었습니다.

보아스가 룻의 '기업 무를 자'이긴 하지만 나오미에게는 보아스보다 더 가까운 친척이 있습니다. 그러므로 보아스가 룻을 거절하지 않는다 해도 문제의 소지가 발생할 수 있습니다. 이 모든 것을 다 알고 있는 나오미가 그래서 한마디를 덧붙입니다.

"그다음에는 그가 네 할 일을 네게 알게 하리라."

이 말은 자신의 책임을 보아스에게 떠맡기는 말이 아닙니다. 룻이 나오미의 말에 순종한 다음부터는 하나님께서 하실 것이라는 뜻입니다. 그러니 룻도 나오미의 하나님을 신뢰하고 그 어려운 미션을 수행하라는 권고입니다.

"마음의 경영은 사람에게 있어도 말의 응답은 여호와께로 부터 나오느니라"(잠 16:1)

하나님 말씀을 따라 순종하고 전심으로 기도했다면 염려할 필요가 없습니다. 그다음은 하나님께서 하십니다. 보아스가 거절할지라도 그다음은 하나님께서 하십니다. 이 일이 틀어질지라도 그다음은 하나님께서 하십니다. 우리가 온전히 순종했다면 우리의 계획이 틀어질지라도, 우리가 원하는 응답이 없을지라도 그다음은 하나님이 하십니다.

룻의 미션은 여기까지입니다. 나오미의 전략도 여기까지입니다. 룻은 시어머니에게 순종하면 됩니다. 나오미 역시 하나님께 순종하면 됩니다. 그다음은 하나님께서 하십니다.

어머니의 말씀대로 내가 다 행하리이다

"룻이 시어머니에게 이르되 어머니의 말씀대로 내가 다 행하리이다 하니라"(룻 3:5)

매우 치밀하지만, 선뜻 순종하기 어려운 나오미의 전략에 룻이 대답하였습니다.

"어머니의 말씀대로 내가 다 행하리이다."

룻이 목욕을 하고, 기름을 바르고, 옷을 갈아입고, 타작마당으로 가서, 보아스가 눕는 곳을 알았다가, 발치 이불을 들고 눕겠다는 말입니다. 하나도 빼놓지 않고 모두 행하겠다고 대답하였습니다. 지금까지 한 번도 해본 적이 없어도, 마음이 내키지 않아도, 인생에 큰 트라우마로 남아도, 시어머니 나오미 입에서 나온 말대로 모두 행하겠다고 대답하였습니다. 시어머니의 하나님을 믿기에, 시어머니의 백성이 되기로 했기에 룻은 온전히 순종했습니다.

J. S. 밀은 "인간성이 할 수 있는 모든 선은 순종 속에 포함되어 있다."고 했습니다. 맞습니다. 사실 이 전략은 룻이 100% 순종하지 않으면 불가능한 일입니다. 순종이 전략을 성공시킵니다.

> "너는 전략으로 싸우라 승리는 지략이 많음에 있느니라"(잠 24:6)

작전이 서야 싸울 수 있고, 좋은 참모가 많아야 이긴다는 말입니다. 나이 들고, 가진 것 없었지만 나오미는 좋은 참모였습니다. 분명한 확신이 있었지만 무턱대고 덤벼들지도 않았습니다. 무작정 자기 뜻대로 하지도 않았습니다. 이전에 자기 뜻대로 했더니 빈손이 되어버린 것을 경험했기 때문입니다.

매일매일 일상에서 매일매일 조용히 하나님 말씀을 따라갔습니다. 매일매일 조심스럽게 하나님의 섭리를 기다리며 상황을 살폈습니다. 그렇게 살핀 후에 내린 전략입니다. 그러니 룻이 순종만 하면 승리하는 것입니다. 물론 룻이 순종하기에는 벅찬 전략이었습니다.

그럼에도 불구하고 룻의 대답은 하나였습니다.

"어머니의 말씀대로 내가 다 행하리이다."

시어머니 말씀대로 100% 순종하겠다는 말입니다. 이 순종이 기적을 일으켰습니다. 대단한 소망이 기적을 일으킨 것이 아닙니다. 룻이 지혜롭고 성실해서, 외모가 아름답고 성격이 참해서 보아스의 아내가 된 것이 아닙니다. 룻이 매일매일 이스라엘의 하나님의 백성으로 살았기에, 율법에 기록된 대로 시어머니를 공경했기에 상을 받았습니다.

나오미의 전략과 룻의 순종이 룻과 나오미의 인생을 180도 바꾸어 놓았습니다. 철저히 이스라엘 율법대로 순종하며 매일매일 전략을 짰던 나오미와 그 시어머니를 100% 순종했던 룻에게 기적이 일어났습니다. 배우자 선택이 인생을 좌우합니다. 그래서 결혼은 전략을 잘 세워야 합니다.

결혼뿐 아닙니다. 우리는 매 순간 나오미와 룻처럼 일상 속에서 중요한 선택을 해야 하고, 그 선택은 삶을 180도로 바꿀 수 있는 위기가 될 수 있습니다. 잘되면 좋지만 안 되면 오히려 되돌릴 수 없는 손실이 올 수도 있습니다.

그래서 전략을 잘 짜야 합니다. 이 전략이 승리하기 위해서 우리는 한 가지를 분명히 알아야 하는데, 이 성공 전략이 바로 하나님의 말씀 안에 있습니다. 가장 좋은 전략은 하나님 말씀에서 나옵니다. 아무리 힘든 환경에서도 하나님 말씀이 전략이 되면 삽니다. 하나님의 말씀에 근거한 전략은 반드시 승리합니다. 이 전략을 100% 승리하게 하는 것은 100% 순종입니다.

> "지나가는 자들은 자기 머리를 흔들며 예수를 모욕하여
>
> 이르되 성전을 헐고 사흘에 짓는 자여 네가 만일 하나님의 아들이어든 자기를 구원하고 십자가에서 내려오라 하며
>
> 그와 같이 대제사장들도 서기관들과 장로들과 함께 희롱하여 이르되
>
> 그가 남은 구원하였으되 자기는 구원할 수 없도다 그가 이스라엘의 왕이로다 지금 십자가에서 내려올지어다 그리하면 우리가 믿겠노라"(마 27:39-42)

지나가는 사람들이 머리를 흔들며 십자가에 달리신 예수님을 모욕하였습니다.

"사흘 만에 성전 짓는 사람이라면 네 목숨부터 구하라, 그러

면 우리가 믿고말고, 하나님 아들이라고 했으니 십자가에서 내려오라, 그러면 우리가 믿고말고, 유대인의 왕이라면 십자가에서 내려오라, 그러면 우리가 믿고말고, 남을 살렸으니 저 자신도 살려보라, 그러면 우리가 믿고말고, 하나님의 아들이라 떠들었으니 하나님이 계신다면 아들을 살려보라, 그러면 우리가 믿고말고…."

예수님은 십자가 달려서 죽기까지 하나님의 뜻에 100% 순종하셨습니다. 예수님의 100% 순종으로 우리가 완전한 구원을 받게 되었습니다. 하나님 말씀에 100% 순종하셨기에 하나님의 구원이 모든 믿는 이들에게 완전하게 열렸습니다.

타작마당

(룻 3:6-15)

가장 극적인 청혼

행복한 사람이나 불행한 사람이나, 잘난 사람이나 못난 사람이나, 지혜가 있는 사람이나 어리석은 사람이나, 가난한 사람이나 부한 사람이나, 건강한 사람이나 질병이 있는 사람이나 모두에게 필요한 것이 있습니다. '은혜'입니다. 자기 멋대로 살았던 사사시대나 지금이나 모압이나 베들레헴이나 어떤 곳에서나 모두에게 필요한 것이 은혜입니다. 베들레헴의 유력한 보아스나 이방 과부 룻이나 나오미나 우리 모두는 은혜가 필요합니다. 모두에게 은혜가 있는 곳이 '타작마당'입니다.

룻기 3장 6절에서 룻기 3장 15절의 타작마당 내용은 룻기의 '절정' 부분입니다. 룻기에서 가장 조마조마하고, 가장 극적인 청혼이 타작마당에서 일어납니다. 분명히 룻은 청혼을 했고, 보아스는 분명히 룻의 청혼을 수락했지만, 결혼이 성사되기까지는 중요한 절차가 남아 있었습니다. 룻과 보아스는 자신들의 일이 앞으로 어떻게 전개될지 마음 졸이며 지켜봐야 했습니다.

살얼음판을 걷듯 조심조심

"그가 타작마당으로 내려가서 시어머니의 명령대로 다 하니라

보아스가 먹고 마시고 마음이 즐거워 가서 곡식 단 더미의 끝에 눕는지라 룻이 가만히 가서 그의 발치 이불을 들고 거기 누웠더라"(룻 3:6-7)

타작마당에서 탈곡을 마친 보아스는 일꾼들과 함께 풍족한 식사를 한 후 즐거운 마음으로 곡식단 더미 끝에 누웠습니다. 깊은 밤, 곱게 단장한 룻이 타작마당으로 들어갔습니다. 몸을 숨길 수 있는 곳도 마땅치도 않고 넓지도 않은 타작마당은 낯선 사람을 쉽게 알아볼 수 있었습니다.

한밤중에는 여성들은 얼씬도 하지 않는 곳이 타작마당입니다. 그런데 룻이 한밤에 몸에 향수를 바르고, 평상시 입던 옷도 아닌 긴 옷(히브리어: 미트파하트/망토, 쇼울)을 입고 남자들만 자는 곳에 나타났습니다. 누가 봐도 수상한 모습입니다. 룻에게서 나

는 향수 냄새가 먼지 낀 들판에서 일한 소년들을 자극할 수도 있었습니다.

룻이 마치 살얼음판을 걷듯 조심조심 소리도 내지 않고 보아스가 누웠던 자리로 다가갔습니다. 다행히 룻이 인기척을 내지 않고 접근할 수 있는 장소에 보아스가 누웠습니다. 보아스가 잠들기를 기다린 후에, 룻이 보아스의 발치 이불을 들고 거기 누웠습니다.

룻의 임무가 모두 끝났습니다. 시어머니가 시키는 대로 모두 순종하였습니다.

'네가 누구냐?'에 분명하게 답할 수 있어야 한다

"밤중에 그가 놀라 몸을 돌이켜 본즉 한 여인이 자기 발치에 누워 있는지라

이르되 네가 누구냐 하니 대답하되 나는 당신의 여종 룻이오니 당신의 옷자락을 펴 당신의 여종을 덮으소서 이는 당신이 기업을 무를 자가 됨이니이다 하니"(룻 3:8-9)

타작을 마치고 지친 몸으로 잠자리에 들었던 보아스가 몸을

돌이키다 깜짝 놀랐습니다. 잠들 때는 분명 아무도 없었는데, 누군가 자신의 발치 이불을 덮고 누워 있으니 소스라치게 놀란 것입니다.

8절 "본즉 한 여인이"를 직역하면 '보라! 한 여자가!'라는 감탄사입니다. 여기에 사용된 감탄사는 히브리어로 '힌네'입니다. 긴 망토를 두르고 있었기에 보아스는 반사적으로 발치에 누운 사람이 '여인'임을 알 수 있었습니다. 그러나 한밤중이라 그 여인이 누구인지는 알 수 없었습니다. 그래서 물었습니다.

"네가 누구냐?"

이 질문은 남성들만 잠을 자는 타작마당에, 그것도 한밤중에, 보아스의 발치에 말쑥하게 차려입은 여인이 왜 자기 발치에 누워 있는지 그 이유가 궁금해서 묻는 말입니다. 룻이 대답하였습니다.

"나는 당신의 여종 룻입니다."

이 대답은 놀라서 엉겁결에 하는 대답이 아닙니다. 이 말은 자신이 어떤 사람이며, 그 순간 무엇을 위해서 왔는지, 자신의 정체성과 의도를 분명히 담고 있습니다.

룻기 3장 9절에서 사용된 "당신의 여종 룻"과 룻기 2장 13절에 나오는 "당신의 하녀"는 서로 다른 단어입니다. 룻기 2장 13절에 사용된 '하녀'는 히브리어로 '쉬프하'입니다. 이는 말 그대로 하녀입니다. 보아스의 보리밭에서 이삭을 줍던 룻은 보아스의 여러 하녀들과 다른 것 없는 종이었습니다.

그런데 룻기 3장 9절에서 사용된 '여종' 히브리어로 '아마'입니다. '아마'는 '결혼할 자격이 있는 여종'을 의미합니다. 그 밤, 보아스 앞에 있는 룻은 지난날 보리 이삭을 줍던 하녀가 아니었습니다.

그날 밤, 보아스의 발치에 누워 있는 룻은 보아스가 결혼 상대로 취할 수 있는 여종이었습니다. 그래서 룻이 청혼을 할 수 있는 것입니다. '옷자락'(히브리어-카나프)은 '날개'를 의미합니다.

"당신의 여종 룻이오니 당신의 옷자락을 펴 당신의 여종을 덮으소서 이는 당신이 기업을 무를 자가 됨이니이다."

이 말은 정식으로 보아스에게 '청혼'을 하는 말입니다. 이 청혼은 단순한 청혼이 아닙니다. 이 청혼은 보아스의 재력이나 유력함을 탐내며 하는 청혼이 아닙니다. 과부로 살기 힘들어서 평생 보아스가 벌어놓은 돈으로 살고자 하는 청혼도 아닙니다. 룻이 한밤중에 보아스의 발치에 눕기까지 숨을 죽이며, 위험을 감수하며, 부끄러움을 감수하며 하는 청혼은 엘리멜렉가의 기업을 무르기 위한 청혼이었습니다.

만일 보아스가 룻의 청혼을 거절한다면 룻은 이스라엘 율법에 의해 간음한 여인이 될 것이고 이에 대한 처벌도 감수해야 합니다. 그러나 하나님 백성으로 하나님의 기업을 이어야 한다는 분명한 정체성이 있었기에 룻은 그날 밤 타작마당으로 내려갔습니다. 이 분명한 정체성이 있었기에 한밤중에도 두렵지 않았고, 수많은 위험도 감수할 수 있었습니다. 이 정체성이 있으면 남의 밭에서 보리 이삭을 주워도 은혜가 되고, 광야도 축복이고, 나이 든 시어머니 모시고 사는 것도 은혜입니다. 그래서 하나님의 자녀들은 룻처럼 분명한 정체성이 있어야 합니다.

하나님의 백성들은 '네가 누구냐?'는 질문에 대하여 분명하게 대답할 수 있어야 합니다. 질문에 분명하게 대답할 수 있는 정체성이 바른 선택을 하게 합니다. 이 정체성이 있는 사람은 선택이 달라집니다. '나는 누구인가?'에 대한 분명한 답이 없으면 결코 하나님 백성답게 살 수가 없습니다. 이 분명한 정체성이 룻을 수많은 유혹으로부터, 수많은 어려움으로부터, 수많은 부끄러움과 불투명한 미래의 두려움으로부터 보호하였습니다. 이 정체성이 있었기에 룻이 과부 너울을 벗을 수 있었습니다.

처음 인애, 나중 인애, 시종일관 인애

"그가 이르되 내 딸아 여호와께서 네게 복 주시기를 원하노라 네가 가난하건 부하건 젊은 자를 따르지 아니하였으니 네가 베푼 인애가 처음보다 나중이 더하도다"(룻 3:10)

룻이 베푼 처음 인애는 나오미와 함께 베들레헴에 와서 이삭을 주워 나오미를 돌본 것이었습니다. 나중 인애는 타작마당에서 보아스에게 청혼을 한 것입니다. 룻이 보아스에게 청혼하는 것은 룻 자신을 위한 것이 아니라 나오미를 위한 것이었습니다.

룻이 이삭을 주워 나오미와 함께 생활을 꾸려가는 것은 두 사람의 생활고를 해결하는 것이었지만 룻이 보아스에게 청혼하는 것은 나오미의 끊어진 대를 이어주는 일이었습니다. 룻이 보아스에게 청혼하는 것은 룻 자신을 위한 일보다 나오미를 위한 일이었기에 보아스는 룻의 나중 인애를 칭찬하는 것입니다.

'인애'는 '헤세드'입니다. '헤세드'는 '우리를 위해 자기 아들을 아낌없이 내어 주는 하나님 아버지의 사랑'을 말합니다. 시어머니를 위해 자신을 아낌없이 내어 주는 룻의 사랑이 룻의 '인애'였습니다.

룻은 자신의 삶보다 시어머니의 삶을 먼저 생각하였습니다. 시어머니를 섬기고, 시어머니의 백성으로 살겠다는 룻의 헌신에 탄복한 보아스가 '여호와께서 네게 복 주시기를 원하노라'고 복을 빌어줍니다.

룻이 과부였기에 남자들이 부담 없이 청혼을 할 수 있었고, 젊었기에 뭇 남성의 '프러포즈'를 받았을 것입니다. 하루이틀도 아니고 추수가 시작해서 추수가 끝날 때까지 남자들 틈에서 지냈으니 그야말로 '썸 타는 일'은 얼마든지 있었을 것입니다. 그러나 시어머니와 시어머니의 하나님만 따르기로 죽음을 두고 맹세했기에, 룻은 보아스를 선택했습니다.

"좁은 문으로 들어가라 멸망으로 인도하는 문은 크고 그 길이 넓어 그리로 들어가는 자가 많고

생명으로 인도하는 문은 좁고 길이 협착하여 찾는 자가 적음이라"(마 7:13-14)

이방 여인이었기에 얼마든지 시어머니 없는 홀가분한 인생을 선택할 수 있었습니다. 룻이 마음만 먹으면 선택할 수 있는 문은 넓었습니다. 그러나 룻은 다른 사람이 결코 들어가려고 하지 않는 문, 좁고 험해서 아무도 관심을 두지 않는 문, 뭇 사람이 피해서 가는 문, 엄청난 희생과 헌신이 따르는 그 문을 선택했습니다. 그 길이 얼마나 험한지 알았지만 룻은 그 문을 자원하여 선택하였습니다. 그 길은 어머니의 하나님이 룻의 하나님의 되는 길이었기에 룻은 망설임 없이 그 길을 택하였습니다.

남성처럼 용감하고 지혜로운 룻

"그리고 이제 내 딸아 두려워하지 말라 내가 네 말대로 네게 다 행하리라 네가 현숙한 여자인 줄을 나의 성읍 백성이 다 아느니라"(룻 3:11)

놀랍게도 보아스가 조금도 망설이지 않고 룻의 청혼을 수락하였습니다.

"두려워하지 말라."

이 말은 그 밤, 이후에 룻에게 일어나는 일은 모두 보아스가 책임을 지겠다는 말입니다. 자신을 희생하고 시어머니를 섬기며 하나님 백성으로 살려고 한눈 팔지 않는 룻은 이미 온 베들레헴 성 안 사람들이 모두 아는 '현숙한 여자'였습니다.

'현숙한 여인'은 히브리어로 '에쉐트 하일'입니다. 룻기 2장 1절에서는 보아스를 '유력한 남자', 히브리어로 '기뽀르 하일'로 기록하였습니다. '유력한 남자'는 빈손 된 나오미와 청상과부 룻과는 차이가 나는 사회적 신분을 의미합니다. 보아스가 룻을 '현숙한 여인'이라 표현함으로 룻과 보아스가 신분 차이가 없는 동등한 사람으로 기록이 되었습니다.

비록 어린 나이에 과부가 되고 낯선 땅에서 이삭을 주우며 과부 시어머니와 함께 살았지만 베들레헴 사람들 눈에 룻은 볼품없는 과부가 아니었습니다. 시어머니의 백성들 틈에서 시어머니의 하나님을 섬기며 살아가는 룻의 모습은 누가 봐도 당당하였습니다.

"대저 지혜는 진주보다 나으므로 원하는 모든 것을 이에 비교할 수 없음이니라"(잠 8:11)

"누가 현숙한 여인을 찾아 얻겠느냐 그의 값은 진주보다 더 하니라"(잠 31:10)

잠언 전체에서 진주보다 귀한 것이 두 개가 있습니다. '지혜'와 '현숙한 여인'입니다. 잠언에 기록된 '진주(개역개정역본)'는 '루비(ruby)'입니다. 고대 근동에서 '루비'는 가장 값이 비싼 보석이었습니다. 즉, 잠언에서는 '지혜'와 '현숙한 여인'이 어떤 보석보다 더 값지다고 기록된 것입니다.

베들레헴 사람들 눈에 비친 룻은 찾고 찾아 마침내 찾은 보석보다 귀한 여인이었습니다. 베들레헴 사람들의 눈에 비친 룻은 어떤 여인들보다 아름답고, 뛰어난 여인이었습니다. 과부 시어머니를 모시고 이삭을 줍는 과부였지만 룻의 소박함과, 내면의 정절과, 됨됨이가 베들레헴 사람들을 감동시켰습니다. 비록 이방 여인이었지만 하나님을 섬기며 시어머니에게 순종하는 룻은 베들레헴의 '루비'였습니다.

넘어야 할 장벽

"참으로 나는 기업을 무를 자이나 기업 무를 자로서 나보다

더 가까운 사람이 있으니

이 밤에 여기서 머무르라 아침에 그가 기업 무를 자의 책임을 네게 이행하려 하면 좋으니 그가 그 기업 무를 자의 책임을 행할 것이니라 만일 그가 기업 무를 자의 책임을 네게 이행하기를 기뻐하지 아니하면 여호와께서 살아 계심을 두고 맹세하노니 내가 기업 무를 자의 책임을 네게 이행하리라 아침까지 누워 있을지니라 하는지라"(룻 3:12-13)

12절과 13절에 '기업을 무를 자'(고엘)가 모두 여섯 번 나옵니다. 12절에 두 번 나오고, 13절에 네 번 나옵니다. 두 번은 보아스 자신을 의미하고, 네 번은 보아스보다 더 가까운 친족을 의미합니다. 첫 번째와 마지막 여섯 번째 기업 무를 자가 보아스입니다. 이는 아무개가 중간에 어떻게 결정하든 룻의 고엘이 되기로 한 약속은 변함이 없다는 의미입니다.

그러나 만일 보아스보다 가까운 친족이 기업을 무르게 된다면 타작마당에서 함께 밤을 새웠던 일은 서로에게 부적절한 일이 됩니다. 그래서 보아스가 "이 밤에 여기에서 머무르라"고 하였습니다. 여기에서 '머무르다'는 동사는 히브리어로 '린'입니다. 이는 '눕다', 그리고 '밤을 보내는 것'을 의미합니다.

보아스는 룻의 청혼에 수락을 한 뒤 룻과 함께 타작마당에서 밤을 보냈습니다. 보아스가 그 밤, 룻을 타작마당에 머무르게 한 이유는 한밤중에 긴 장옷을 입고 타작마당에서 나가는 룻이 다른 사람에게 오해를 사는 일을 피하기 위함이었습니다.

"그러므로 너희의 선한 것이 비방을 받지 않게 하라"(롬 14:16)

목적이 선해도 방법이 잘못되면 비방을 받습니다. 하나님의 일은 목적과 과정이 모두 다 선해야 합니다. 하나님의 섭리 안에서 이루어지는 일은 모두 질서가 있습니다.

하나님은 질서의 하나님이십니다. 은혜와 질서를 혼동하면 안 됩니다. 아무리 은혜가 넘치는 일이라 할지라도, 서두르거나 임의로 결정하지 말고 정해진 단계를 밟아나가도록 해야 합니다. 하나님은 뒤죽박죽 순서 없이, 질서 없이 일하시는 분이 아닙니다. 이미 룻의 청혼을 수락했지만 보아스는 결코 율법의 절차를 무시하지 않았습니다. 아무에게도 오해받을 소지를 남기지 않으려고 세심하게 주의를 기울이며 고엘의 과정을 밟고 있습니다.

여섯 다음에 오는 하나님의 숫자 '일곱'

"룻이 새벽까지 그의 발치에 누웠다가 사람이 서로 알아보기 어려울 때에 일어났으니 보아스가 말하기를 여인이 타작마당에 들어온 것을 사람이 알지 못하여야 할 것이라 하였음이라

보아스가 이르되 네 겉옷을 가져다가 그것을 펴서 잡으라 하매 그것을 펴서 잡으니 보리를 여섯 번 되어 룻에게 지워 주고 성읍으로 들어가니라"(룻 3:14-15)

보아스가 말한 대로 룻은 새벽까지 누워 있다가, 얼굴을 알아볼 수 없을 정도로 어두울 때 일어났습니다. 그 밤, 룻이 타작마당에 들어왔다는 것, 룻이 보아스와 함께 타작마당에 있었다는 것을 아무도 눈치채지 못하도록 보아스가 시키는 대로 조용히 몸을 일으켰습니다.

보아스는 먼저 일어나서 조용히 나가려는 룻을 불렀습니다. 보아스가 룻에게 "겉옷을 펴서 벌리라"하였습니다. 겉옷은 히브리어로 '미트파하트'입니다. 3장 3절에 룻이 입은 옷은 '씸라'입니다. 이는 '긴 겉옷'을 의미합니다. '미트파하트'는 겉옷 위에 두르는 커다란 스카프입니다. 보아스가 시키는 대로 룻이 너울을 벗어서 보아스 앞에 펼쳤습니다. 보아스가 보리를 여섯 번 되어 룻에게 주었습니다.

보아스가 보리를 여섯 번 헤아려 담는 모습을 보면서, 룻은 보아스의 마음을 헤아려 보았습니다. 보리밭에서 처음 만났을 때부터 타작마당에서 하룻밤을 같이 유숙하기까지 지난 일들을

되돌아봤습니다.

보아스는 룻에게 단순히 기업 무를 자가 아니었습니다. 처음 만났을 때부터 보아스는 룻에게 각별했습니다. 룻이 불미스러운 일을 당하지 않도록 타작마당의 소년들에게 주의를 시키고, 룻이 이삭을 더 많이 줍도록 일부러 이삭을 흘리게 하고, 자신의 초에 룻이 떡을 찍어 먹게 해주었으며, 자기 발치에 누운 룻을 자기 신부를 보호하듯 배려하고, 밤새 룻을 지키며, 마침내 보리를 여섯 번 담아주는 보아스. 그 모습 앞에서 룻은 마음을 확정하였습니다.

구약성경에서 '여섯'은 사람의 숫자입니다. '여섯' 다음에 오는 '일곱'은 하나님의 숫자입니다. 룻을 대하는 보아스의 따뜻함, 자상함, 애틋함, 온전함, 풍성함, 보살핌이 부어지면서 룻의 마음은 가득 채워졌습니다. 보아스가 부어준 그 '여섯 보살핌' 위에 하나님의 '일곱 고엘'이 기다리고 있었습니다.

가장 조마조마하고 스릴이 넘쳤던 그 밤, 룻은 시어머니 나오미가 말한 대로 모두 순종하였습니다. 보아스가 말한 대로 모두 순종하였습니다. 룻은 시어머니 나오미와 보아스가 하라는 대로 모두 순종하였습니다.

하나님께서 일하시는 일곱째 날

드디어 룻은 조마조마한 마지막 '여섯 걸음'을 모두 마쳤습니다. 룻의 일곱 번째 걸음은 이제 하나님께서 결정하십니다. 이제부터 일어나는 일은 룻이 행동하고 결정할 일이 아닙니다. 날이 새면, 하나님께서 룻의 일곱 번째 걸음을 정하십니다.

우리가 하나님 말씀에 순종하며 여섯 걸음을 걸으면 일곱 번째 걸음은 하나님께서 인도하십니다. 우리가 해야 할 일은 하나님의 말씀을 따라 '여섯 걸음'을 걷는 것입니다.

출애굽기에서 하나님은, 종이 여섯 해 동안 주인을 열심히 섬기면 일곱째 해에는 몸값을 물지 않고 나가서 자유인이 될 수 있다고 말씀하십니다(출 21:2). 민수기 기록에도 하나님은 여섯 성읍에 도피성을 두어, 고의가 아닌 우발적인 실수로 사람을 죽인 자들이 도피성에 들어가 죽임을 면할 수 있게 하셨습니다(민 35:13). 여호수아와 이스라엘 백성은 하나님 말씀을 따라 여리고성을 여섯째 날까지 돌았습니다. 그랬더니 일곱째 날 여리고성이 무너졌습니다(수 6:14-15).

사람이 여섯 걸음을 걸을 때, 하나님께서 일곱째 걸음을 정하십니다. 여섯째 날까지 하나님께 순종하면, 일곱째 날은 하나님께서 일하십니다.

“거기에 유대인의 정결 예식을 따라 두세 통 드는 돌항아리 여섯이 놓였는지라

예수께서 그들에게 이르시되 항아리에 물을 채우라 하신즉 아귀까지 채우니

이제는 떠서 연회장에게 갖다 주라 하시매 갖다 주었더니

연회장은 물로 된 포도주를 맛보고도 어디서 났는지 알지 못하되 물 떠온 하인들은 알더라 연회장이 신랑을 불러

말하되 사람마다 먼저 좋은 포도주를 내고 취한 후에 낮은 것을 내거늘 그대는 지금까지 좋은 포도주를 두었도다 하니라”(요 2:6-10)

우리가 여섯 항아리에 물을 채우면 포도주는 예수님께서 만드십니다. 예수님의 말씀대로 순종할 때, 기적이 일어납니다.

여섯 지혜

(룻 3:16-18)

지혜, 탁월한 삶의 기술

'노마지지老馬之智'라는 말이 있습니다. 이는 늙은 말의 지혜를 빌린다는 말입니다. 중국 제나라 관중과 습붕이 환공을 모시고 고죽성孤竹城 정벌에 나섰는데 봄에 시작된 전쟁이 겨울이 되어서야 끝이 났습니다. 오랜 전쟁으로 지친 군대가 하루빨리 돌아가기 위해 지름길을 택했다가 길을 잃고 말았습니다. 그때 관중이 말했습니다.

"늙은 말을 풀어놓고 그 뒤를 따라가라."

늙은 말이 스스로 길을 찾아가도록 풀어주자, 그 뒤를 따라가던 군대는 곧 큰길을 만났고 잃었던 길을 되찾을 수 있었습니다.

그런데 이들이 길은 찾았는데 오랜 행군으로 이제는 물이 떨어졌습니다. 온 군대가 갈증이 심했지만 어디에 샘이 있는지 알 수 없었습니다. 이때 습붕이 말했습니다.

“개미는 겨울에는 산 남쪽에 살고, 여름에는 산 북쪽에 산다. 개미 흙이 한 치쯤 쌓인 곳에는 틀림없이 한길 물이 있다.”

이 말을 들은 군대가 산 남쪽을 뒤져 개미집을 찾아냈습니다. 찾아낸 개미집을 파 내려가니 물이 솟았습니다. 그 물로 온 군대가 갈증을 해소할 수 있었습니다. 관중과 습붕의 지혜가 아니었다면 제나라는 전쟁에 이기고도 큰 곤경에 처할 뻔했습니다.

늙은 말이 자신이 걸어왔던 길을 반사적으로 찾아가는 것, 개미가 철에 따라 물 위에 집을 짓는 것, 이것이 창조 질서입니다. 모든 피조물이 생육하고 번성하도록 하는 하나님의 지혜가 창조 질서입니다. 하나님은 모든 피조물이 생육하고 번성하도록 그것들에게 ‘생존의 기술’을 부여하셨습니다.

사실 노쇠한 말은 아무 쓸모가 없습니다. 그러나 늙은 말의 경험과 회귀본능은 길을 인도하는 ‘노마지지’가 됩니다. 보잘것없고 자그만 개미는 철에 따라 어디에 집을 지어야 하는지 알고 있습니다. 인생을 지혜롭게 살아가려면 하나님께서 창조하신 세계에 대한 깊은 이해가 있어야 합니다. 창조 질서 안에서 자신의 삶을 해석하고 인생의 문제를 극복해내는 ‘삶의 기술’을 성경은 ‘지혜’라고 하였습니다.

"여호와를 경외하는 것이 지혜의 근본이요 거룩하신 자를 아는 것이 명철이니라"(잠9:10)

여호와를 경외하는 것이 지혜의 근본입니다. 창조주 하나님을 깊이 묵상하면 작고 보잘것없는 것들을 통해서도 삶의 기술을 배웁니다.

"대저 지혜는 진주보다 나으므로 원하는 모든 것을 이에 비교할 수 없음이니라"(잠 8:11)

지혜가 가장 가치 있는 진주보다 나은 것은 지혜가 '가장 탁월한 삶의 기술'이기 때문입니다.

"이는 지혜를 얻는 것이 은을 얻는 것보다 낫고 그 이익이 정금보다 나음이니라
지혜는 진주보다 귀하니 네가 사모하는 모든 것으로도 이에 비교할 수 없도다"(잠 3:14-15)

은이나 정금은 돈과 버금가는 생활 수단입니다. 그러나 지혜는 모든 생활 수단과 비교할 수 없는 탁월한 삶의 기술입니다.

'마라'에서 나온 나오미의 지혜

룻의 시어머니 나오미는 모압에서 살았던 경험으로 터득한 지혜가 있었습니다. 베들레헴을 떠나 모압으로 이주했지만 모압에서 10년 지내면서 남편과 두 아들이 죽고, 모든 것을 잃은 후에 나오미는 인생이 사람의 생각대로, 계획대로 살아지는 것이 아님을 깨달았습니다.

자신이 소중하다고 생각한 것을 모두 잃고 난 후에, 나오미는 비로소 무엇이 가장 소중한지를 알았습니다. 인생에서 소중한 것이 무엇인가를 아는 것이 지혜입니다. 가장 소중한 것이 무엇인지 알았기에 나오미는 두 과부의 풍요로움을 구하지 않고 룻에게 안식을 구해주려고 하였습니다.

룻의 생각보다 더 중요한 것은

"룻이 시어머니에게 가니 그가 이르되 내 딸아 어떻게 되었느냐 하니 룻이 그 사람이 자기에게 행한 것을 다 알리고"(룻 3:16)

며느리를 타작마당으로 보내고 뜬눈으로 밤을 새운 시어머니가 새벽에 들어온 룻을 보자마자 물었습니다.

"내 딸아, 어떻게 되었느냐?"

자신이 시키는 대로 다 했는지, 또 보아스는 어떻게 반응했는지 궁금했습니다. 틀림없는 전략이었지만, 한 치 앞을 모르는 것이 사람의 일이니 나오미는 걱정하지 않을 수가 없었습니다.

> "사람이 마음으로 자기의 길을 계획할지라도 그의 걸음을 인도하시는 이는 여호와시니라"(잠언 16:9)

나오미가 세운 청혼 전략을 이루시는 분은 하나님이십니다. 룻과 보아스의 결혼은 나오미의 뜻대로, 룻의 뜻대로, 보아스의 뜻대로 이루어지는 것이 아닙니다. 룻은 타작마당에서 보아스가 자기에게 행한 것을 모두 이야기했습니다.

룻이 참 지혜롭습니다. 룻은 자기 생각, 자기 의견, 자기 느낌을 말하지 않았습니다. 어젯밤, 타작마당에서는 룻의 생각이나 느낌보다 더 중요한 것이 보아스가 룻에게 행한 일입니다. 보아스가 룻에게 어떻게 하느냐가 혼인의 성사를 결정합니다. 룻의 생각이나 느낌은 결정에 있어 아무 능력이 없습니다. 룻은 이 사실을 명확히 인지하고 있었습니다.

우리 역시 우리의 생각이나 의견이나 느낌보다 더 중요한 것이 있습니다. 그것은 하나님께서 이미 행하신 일과 하나님께서 주신 영원한 언약, 곧 하나님의 약속입니다. 어떤 분들은 기도가 안 된다고, 감이 안 잡힌다고, 느낌이 좋지 않다고, 하던 기도를 멈추고 자기 생각대로 판단합니다. 이것은 매우 잘못된 일입니다. 변화무쌍하고 변덕스러운 자기 생각과 자기 느낌을 따라가면 멸망합니다. 성경에 기록된 수많은 인물이 자기 생각대로, 자기 느낌대로 행하다 징계를 받고 재앙을 만났습니다.

어떻게 결론이 날지

"이르되 그가 내게 이 보리를 여섯 번 되어 주며 이르기를 빈손으로 네 시어머니에게 가지 말라 하더이다 하니라

이에 시어머니가 이르되 내 딸아 이 사건이 어떻게 될지 알기까지 앉아 있으라 그 사람이 오늘 이 일을 성취하기 전에는 쉬지 아니하리라 하니라"(룻 3:17-18)

룻은 지난 밤, 타작마당에서 있었던 일, 보아스가 자신의 청혼을 받아들인 것과, 보아스가 청혼을 받아들였지만 보아스보다 더 가까운 친족이 고엘을 포기해야 하는 것을 나오미에게 상세히

전했습니다. 그리고 보아스가 빈손으로 네 시어머니에게 가지 말라고 보리를 여섯 번 되어 준 것까지 모두 시어머니에게 전하였습니다.

룻의 이야기를 다 들은 후에 나오미가 말하였습니다.

"내 딸아, 이 일이 어떻게 전개될지 아직 모르니 앉아서 기다리자. 보아스는 오늘 이 일을 해결하기 위해 쉬지 아니할 것이다."

'어떻게 될지'는 히브리어로 '나팔'입니다. 이는 '주사위를 던지다', '결론이 나다'는 뜻입니다. 나오미가 던진 주사위가 어떻게 나올지, 결론이 어떻게 날지는 아무도 알 수 없습니다. 던져진 주사위의 결과는 하나님께 달려 있습니다. 그래서 두 과부는 이 사건의 결말이 나올 때까지 '앉아 있어야'합니다. '앉아 있다' 이 말은 '야솨브'입니다. 이는 '머무르다'는 동사입니다. 두 과부는 자신들의 생각을 내려놓고 모든 일을 결정하시는 하나님 앞에 머물러 있어야 합니다.

> "일을 행하시는 여호와, 그것을 만들며 성취하시는 여호와, 그의 이름을 여호와라 하는 이가 이와 같이 이르시도다
> 너는 내게 부르짖으라 내가 네게 응답하겠고 네가 알지 못하는 크고 은밀한 일을 네게 보이리라"(렘 33:2-3)

룻과 보아스를 위하여 일을 행하시는 여호와 하나님, 룻과 나

오미를 위하여 고엘을 만들어 성취하시는 여호와 하나님 안에서 룻과 나오미는 머물러 있어야 합니다. 아무것도 염려하지 말고 어젯밤 타작마당에서 있었던 그 일을 성취하실 하나님을 기대하면서 믿음으로 앉아 있어야 합니다. 믿음으로 머물러 있어야 합니다.

노만 V. 필 목사님은 이렇게 말하였습니다.

“어떻게 기다려야 하는지 아는 자에게 적절한 시기에 모든 것이 주어진다.”

인내하며 믿음으로 기다리는 사람에게 하나님께서 믿음의 상을 주십니다. 아브라함이 믿음으로 기다렸더니 이삭을 받았습니다. 이삭이 믿음으로 기다렸더니 브엘세바를 주셨습니다. 야곱이 믿음으로 기다렸더니 이스라엘 열두지파의 아버지가 되었습니다. 요셉이 믿음으로 기다렸더니 애굽의 총리가 되어 아버지와 형제들을 만났습니다.

> “믿음은 바라는 것들의 실상이요 보이지 않는 것들의 증거니 선진들이 이로써 증거를 얻었느니라”(히 11:1-2)

수많은 믿음의 조상들이 믿음 안에서 머무르는 동안 보이지 않는 일의 증거를 받았습니다. 하나님의 말씀을 믿고 기다릴 때, 그 말씀이 나에게 실제로 존재하는 사건이 됩니다. 그것이 ‘실상’

입니다. 헬라어로 '휘포스타시스'입니다. 이 단어는 '기초를 가진 것', '실제로 존재하는 것', '확고함', '확신'을 의미합니다. 나오미가 하나님의 섭리를 믿음으로 확신하고 그 믿음 안에서 머물렀을 때 룻과 보아스의 결혼이 성취되었습니다.

아직은 어떤 방식으로 결말이 날지 어떤 실마리도 없습니다. 분명한 것은 보아스가 룻과의 결혼을 성취하기 위해 성읍으로 들어갔다는 것입니다. 그러나 보아스가 성읍에 들어갔다 해도 기업 무를 자가 책임을 이행하겠다고 하면 룻의 청혼은 이루어질 수가 없습니다. 보아스가 결정을 내리기까지 아직은 모든 것이 불투명합니다.

그러나 나오미는 보이지 않는 하나님 일의 흐름을 알았습니다.

"그 사람이 오늘 이 일을 성취하기 전에는 쉬지 아니하리라."

이 말은 언약의 하나님, 전능자 하나님께서 룻이 움직이지 않아도 보아스를 부지런히 움직일 것이고 룻이 가만히 앉아 있어도 룻과 보아스의 결혼을 성취하실 것이라는 확신입니다.

여섯 지혜

"앉아 있으라."

이 말은 아무것도 하지 말라는 의미가 아닙니다. 인간으로서 해야 할 일을 다 하고 하늘의 명을 기다리는 것처럼(진인사대천명 盡人事待天命) 룻이 해야 할 일을 다 했으니 이제는 하나님의 뜻을 기다리라는 의미입니다.

나오미가 자기 생각, 계획, 뜻을 접고 머무르니 쉬지 않으시는 하나님이 보였습니다. 하나님 뜻 안에서 머무르니 베들레헴에서, 보리밭에서, 타작마당에서, 룻 안에서, 보아스 안에서, 나오미 안에서 쉬지 않고 일하시는 하나님이 계셨습니다.

'가만히 앉아 있는 것'이 '여섯 지혜'입니다. 일곱 바로 앞에 있는 '여섯'은 사람의 숫자입니다. 씨가 땅속에서 가만히 앉아 있는 것처럼 보이지만 결국 싹이 돋아 땅 밖으로 얼굴을 내미는 것처럼 하나님의 말씀도 믿고 순종하는 기다림 속에서 땅을 뚫고 싹으로 올라옵니다.

우리를 향한 하나님의 '헤세드!' 자비하심은 멈추지 않습니다. 헤세드의 하나님을 따라가면서 내 뜻을 내려놓고, 일곱 번째를 성취하실 하나님을 흔들림 없이 믿으며 바라보는 것. 이것이 '여섯 지혜'입니다.

"요나가 밤낮 사흘 동안 큰 물고기 뱃속에 있었던 것 같이 인자도 밤낮 사흘 동안 땅 속에 있으리라"(마 12:40)

악하고 음란한 세대, 패역하고 믿음이 없는 세대들은 예수님의 죽음을 보고 예수님이 실패했다고 여겼습니다. 땅속에서 가만히 앉아 있는 씨가 보이지 않는 것처럼 사람들은 예수님의 십자가 죽음을 볼 수 없었습니다. 그러나 예수님의 십자가의 죽음과 부활은 하나님께서 만세 전에 미리 정하시고 비밀 가운데 감추어 두신 "하나님의 지혜"(고전 2:7)입니다. 그래서 우리는 어떤 상황에서도 예수님을 죽음에서 일으키신 하나님 말씀에 순종하며 기다릴 수 있습니다.

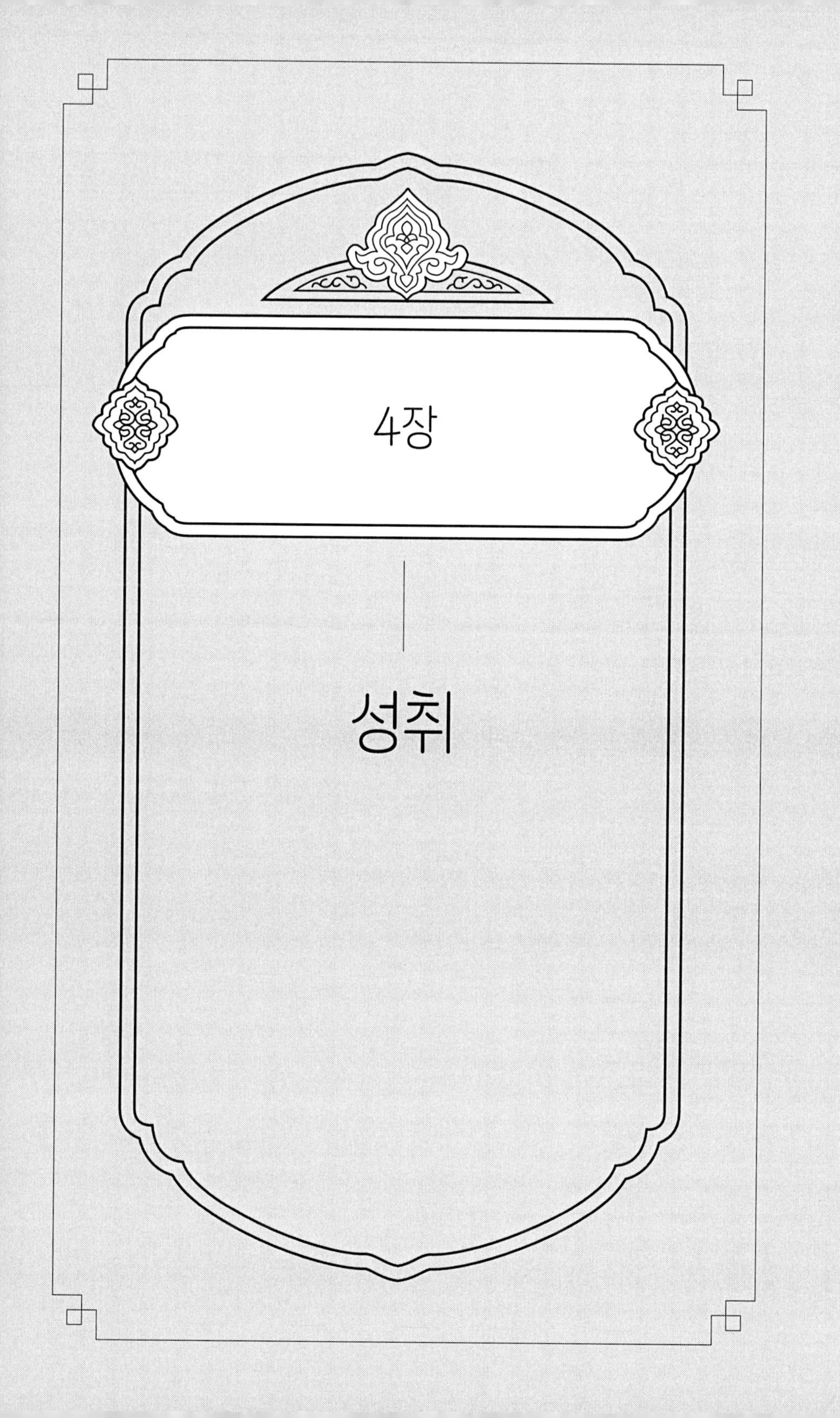

4장

성취

고엘 확정

(룻 4:1-12)

고엘의 하나님

이스라엘 백성이 바벨론 포로로 끌려간 후에 홀로 된 과부의 자식이 남편 있는 자의 자식보다 많았습니다. 포로로 잡혀간 이스라엘은 바벨론에서 버림당하고 소박맞은 과부처럼 살아야 했습니다. 바벨론에서 이스라엘은 기업이 없어 가난하고 비천했고, 과부처럼 수치를 당하며 천덕꾸러기처럼 살았습니다.

그러나 남편이 없는 소박데기 이스라엘을 지으신 분이 하나님이셨고, 버림받은 이스라엘의 남편은 하나님이셨습니다. 하나님은 아무런 힘이 없던 소박데기 이스라엘, 과부 이스라엘을 바벨론에서 해방하셨고, 예루살렘으로 돌려보내셨으며 다시 기업을 주셨습니다.

룻 역시 모압 여인이요, 아이를 낳지 못한 여인이요, 남편이 없는 과부요, 기업이 없는 여인이었습니다. 그러나 보아스가 룻의 기업을 무르게 해주고, 아들을 낳아주고, 남편이 되어주고, 은혜로운 구속자(고엘)가 되어주었습니다.

소박데기 과부 같은 이스라엘의 구속자가 되어주신 하나님, 남편이 없어 아이를 낳지 못하고 기업을 이을 수 없는 청상과부의 부끄러움을 씻어주신 하나님이 '고엘의 하나님'이십니다. 오직 어머니의 하나님만 섬기겠다는 룻을 책임져주시는 하나님, 오직 하나님만 섬기겠다는 우리를 책임져주시는 하나님이 '고엘의 하나님'이십니다.

우리를 책임지시기 위해 하나님께서 보내주신 하나님의 아들이 우리의 '고엘'이십니다.

"아브라함과 다윗의 자손 예수 그리스도의 계보라"(마 1:1)

룻기 전 과정을 통하여 섭리하셨던 하나님께서 자신의 아들 예수 그리스도를 우리의 고엘로 보내셨습니다. 룻기는 한 가정의 몰락과 회복을 그린 단순한 가정사가 아닙니다. 다윗의 족보로 종결되는 룻기는 마태복음 첫 장 첫 절, 예수 그리스도의 세계를 열어주는 복음의 서막이 되었습니다.

아무개, 펠로니 알모니

"보아스가 성문으로 올라가서 거기 앉아 있더니 마침 보아스가 말하던 기업 무를 자가 지나가는지라 보아스가 그에게 이르되 아무개여 이리로 와서 앉으라 하니 그가 와서 앉으매" (룻 4:1)

보아스가 룻의 청혼을 합법적으로 받아들이기 위해서는 중요한 과정이 남아 있었습니다. 보아스보다 우선순위에 있는 나오미의 친족이 룻의 고엘이 되는 것을 포기해야 합니다. 만일 그가 룻의 고엘이 되겠다고 하면 룻과 보아스의 결혼은 이루어질 수 없습니다. 보아스가 고엘을 결정하기 위해 성문에 올라가서 기다렸습니다.

마침내 룻의 기업 무를 자가 지나갔습니다. '마침내'는 히브리어로 '횐네'입니다. 룻기 1장에서 1번, 2장에서 한번, 3장에서 두 번, 4장에서 1번 모두 5번 나왔습니다.

룻기의 모든 장에서 '마침내'라는 단어가 기록되었습니다. 룻기 1장 15절에서 둘째 며느리가 친정으로 돌아갈 때, 나오미가 룻에게 친정으로 돌아가는 오르바를 '보라'할 때 사용되었습니다. 룻기 2장 4절에서 보아스가 자기 보리밭에 왔을 때 사용되었습니다. 룻기 3장 2절에서는 추수를 마친 보아스가 타작마당에서 타작할 때 사용되었습니다. 룻기 3장 8절에서는 한밤중에 타작마당에서 보아스 옆에 누워 있는 룻을 보고 보아스가 깜짝 놀랐을 때 사용되었습니다. 룻기 4장 1절에서 새벽부터 성문에서 기다리던 보아스 앞으로 그 기업 무를 자가 지나갈 때 사용되었습니다.

다섯 번 모두 우연처럼 보입니다. 그러나 룻기는 '마침내' 안에서 하나님의 섭리가 이루어집니다. 그래서 우리는 룻기를 읽을 때 '보라', '마침내', '우연히'라는 단어가 나오면 집중해서 읽어야 합니다. '마침내' 우리를 집중하게 하는 하나님의 사건이 성취되기 때문입니다.

보아스가 성문에 앉아 기다리니 '마침내' 룻의 기업 무를 자가 지나갔습니다. 기업 무를 자가 우연히 성문으로 들어선 것이 아닙니다. 하나님께서 룻의 청혼을 성취하시기 위해서 그를 성문으로 보내신 것입니다.

보아스가 성문으로 들어오는 아무개에게 "아무개여 이리로 와서 앉으라"합니다. 룻의 고엘이 될 친족인데 이름이 없습니다. 이 '아무개'는 룻의 기업 무를 자 1순위이며 죽은 엘리멜렉과 가장 가까운 친척인데 보아스는 그를 '아무개'로 부릅니다. 룻기는 엘리멜렉, 기룐, 말론 곧 죽은 사람의 이름까지 정확하게 기록되어 있는데 1순위로 기업을 무를 중요한 이름이 '아무개'로 기록이 되어 있는 것입니다.

'아무개'는 히브리어로 '펠로니 알모니'입니다. 이 말은 그야말로 '아무런 의미가 없이 그냥 부르는 호칭'입니다. 룻의 기업 무를 자 1순위인 그의 이름을 보아스가 몰랐을 리가 없습니다. 그럼에도 보아스가 그를 '아무개'로 부른 이유가 있습니다.

아무개는 분명 나오미의 기업 무를 자였으나 자신의 책임을 모른 척했기 때문입니다. 그가 하나님의 율법을 무시하고 율법을 순종하지 않고, 가난한 자를 책임지지도 않고, 자기희생을 하지 않으려고 빠져나갔기 때문에 '아무개'가 되었습니다. 아무개는 하나님의 역사에 그리 중요한 인물로 자리매김하지 못했습니다.

아무개로 아무렇게나 살지 마시기 바랍니다. 하나님 백성은 분명한 정체성을 가지고 살아야 합니다. 하나님의 백성은 누군가를 살리는 사람이 되어야 합니다. 하나님의 백성은 자신이 속한 공동체를 위하여 기꺼이 자신을 희생할 수 있어야 합니다.

고엘을 확정할 12명

"보아스가 그 성읍 장로 열 명을 청하여 이르되 당신들은 여기 앉으라 하니 그들이 앉으매"(룻 4:2)

'장로'는 히브리어 '자켄'에서 파생된 명사입니다. 이 단어는 '턱수염'을 뜻하는 말에서 유래되었는데 '턱수염을 길게 기른 사람', 즉 '연장자'를 의미합니다. 가나안 정착 이후 성읍의 장로들은 이스라엘 공동체의 생활에 있어서 지파들을 대표하여 이스라엘의 백성들의 다툼이나 법적인 분쟁을 판단하는 중요한 역할을 하였습니다.

'성읍'은 대부분은 넓은 장소로 사람들은 이곳에서 친구를 만나거나 새로운 소식을 들었습니다. 특별히 성읍은 장로들이 백성들과 만나 율법의 판결을 내리는 곳으로 이용되었습니다. 제사장들과 선지자들도 가끔 이곳에서 가르치고 훈계하며 예언하였습니다. 이처럼 성읍은 성읍 백성들에게 있어서 사회, 정치적으로 매우 중요한 장소였습니다. 보아스가 룻의 고엘 문제를 공식적으로 판결받기 위해서 장로 10명을 성읍으로 초대하였습니다. 성문에서 장로들에 의해서 결정되는 것이 가장 정확한 판결이었습니다.

10명이라는 인원수는 지역의 행정을 수행하고 소송사건들을 판결하는데 요구되었던 최소한의 인원수였습니다. 후일 유대교는 이러한 전통을 따라 하나의 회당을 구성할 수 있는 최소한의 회원 수를 장로 10인 이상으로 정하였습니다.

보아스와 아무개와 성읍 장로들 10명을 포함하여 모두 12명이 되었습니다. 이스라엘에서 '12'라는 숫자는 이스라엘을 대표하는 완전수입니다. 보아스와 아무개와 장로 10명은 보아스의 고엘을 확정할 수 있는 정족수定足數입니다. 이스라엘의 법적인 정족수가 채워졌으니 그 자리에서 결정되는 모든 일은 공적으로 법적 효력이 있습니다.

손해보다 득이라는 계산으로 땅을 사겠다고 하다

> "보아스가 그 기업 무를 자에게 이르되 모압 지방에서 돌아온 나오미가 우리 형제 엘리멜렉의 소유지를 팔려 하므로
>
> 내가 여기 앉은 이들과 내 백성의 장로들 앞에서 그것을 사라고 네게 말하여 알게 하려 하였노라 만일 네가 무르려면 무르려니와 만일 네가 무르지 아니하려거든 내게 고하여 알게 하라 네 다음은 나요 그 외에는 무를 자가 없느니라 하니 그가 이르되 내가 무르리라 하는지라"(룻 4:3-4)

보아스가 기업 무를 자에게 말했습니다.

"우리의 동기 엘리멜렉의 소유지가 있지 않소? 그런데 나오미가 모압 시골에서 돌아와서 그 땅 권리를 팔려고 내놓았소. 이 소식을 당신에게 알려드려야 한다고 생각해서 하는 말이지만, 여

기 앉아 있는 분들과 내 겨레의 장로들이 보는 앞에서 그것을 사시오. 그 땅을 도로 사서 가질 생각이 있으면 도로 사서 가지시구려. 그럴 생각이 없으면 그렇다고 말해 주시오. 내가 알아야겠소. 그것을 도로 사서 가질 사람은 당신밖에 없소. 당신 다음은 나인가 하오."

아무개가 대답하였습니다.

"내가 도로 사서 가지겠소."

이스라엘 사회에서는 땅이 기업이었습니다. 가나안 정복 이후 이스라엘 열두지파는 제비뽑기로 땅을 분배받았습니다. 이후로 분배받은 땅은 법적으로 묶여서 아무나 사고 팔 수 없게 되었습니다. 이스라엘 사회에서는 돈이 있다고 해도 아무나 땅을 살 수 없었습니다.

이스라엘 아합왕이 나봇의 포도원이 탐이 나서 나봇에게 더 좋은 포도원을 주고, 값을 돈으로 쳐주겠다고 했지만 나봇은 '조상의 유업인 포도원'을 팔 수 없다고 거절하였습니다. 이스라엘에서 땅은 조상의 기업이었습니다. 왕도 마음대로 살 수 없는 것이 땅이었습니다. 돈이 있어도 살 수 없는 땅을 사라고 하니 아무개가 손해보다는 득이 될 것 같아 냉큼 땅을 사겠다고 하였습니다.

땅을 사는 것은 막중한 책임과 의무가 뒤따르는 일이다

"보아스가 이르되 네가 나오미의 손에서 그 밭을 사는 날에 곧 죽은 자의 아내 모압 여인 룻에게서 사서 그 죽은 자의 기업을 그의 이름으로 세워야 할지니라 하니

그 기업 무를 자가 이르되 나는 내 기업에 손해가 있을까 하여 나를 위하여 무르지 못하노니 내가 무를 것을 네가 무르라 나는 무르지 못하겠노라 하는지라"(룻 4:5-6)

아무개가 땅을 사겠다고 나서자 보아스가 땅을 산 뒤에 아무개가 져야 할 책임을 언급하였습니다. 죽은 엘리멜렉의 땅을 사는 날부터, 아무개는 죽은 자의 아내 룻을 떠맡고 그 사이에서 엘리멜렉의 유산을 차지할 아들을 낳아주는 것까지 아무개가 해야 할 일이었습니다.

'사다'는 히브리어로 '카나'입니다. 구약성경에서는 이 단어가 '물건을 사거나 팔 때', '금전적 거래'에서 사용되었습니다. 또한 '노예를 사고 팔 때', '팔린 사람을 속량할 때' 사용되었습니다. 룻기에서는 '땅을 사고', '룻을 아내로 맞이하고'라는 의미로 사용되었습니다.

아무개가 땅을 사는 것은 땅을 늘리는 것이 아니라 룻을 책임지는 일이었습니다. 룻을 책임진다는 것은 룻에게서 태어나는

아들이 엘리멜렉가를 이을 수 있도록 책임을 진다는 의미입니다. 땅을 사는 것은 아무개 편에서 보면 이익이 아니라 막중한 책임과 의무가 뒤따르는 일입니다. 또한 희생이 따르는 일입니다.

보아스의 이야기를 자세히 들은 후 아무개가 대답하였습니다.

"당신이 그 땅을 사시오. 나는 막대한 손해를 보면서까지 그 땅을 살 마음은 없습니다."

룻과 계대 결혼(시형제 결혼법, 수혼법)으로 아들을 낳으면 자신이 산 땅이 룻을 통해 난 아들에게 상속되고 엘리멜렉가문의 이름을 잇게 되므로 자신에게 이익은커녕 손해만 볼 것이 자명하기에 재빨리 마음을 바꾸었던 것입니다.

신을 벗는 의미

"옛적 이스라엘 중에는 모든 것을 무르거나 교환하는 일을 확정하기 위하여 사람이 그의 신을 벗어 그의 이웃에게 주더니 이것이 이스라엘 중에 증명하는 전례가 된지라

이에 그 기업 무를 자가 보아스에게 이르되 네가 너를 위하여 사라 하고 그의 신을 벗는지라"(룻 4:7-8)

사사시대 이전에 이스라엘은 모든 것을 무르거나 교환하는 일을 확정하기 위해서 신을 벗어 이웃에게 던졌습니다. 이스라엘에서 신을 벗는 것은 여러 가지 의미가 있었습니다.

첫째, 하나님께서 나타나신 장소의 거룩한 표시로 신발을 벗었습니다(출 3:5, 수 5:15). 둘째, 신을 벗고 맨발로 걷는 것은 애곡의 표시였습니다(삼하 15:30, 겔 24:17,23). 셋째, 포로나 노예도 신발을 벗었습니다(대하 28:15, 사 20:2). 넷째, 계대 결혼의 의무를 거절하는 남편의 형제를 둔 과부는 모욕의 상징으로 남편 형제의 신발을 벗기고, 얼굴에 침을 뱉었습니다(신 25:9).

룻기 4장에서 신을 벗어서 이웃에게 주는 것은 '기업 무를 권리와 의무'를 포기함과 동시에 '권리를 양도한다'는 의미입니다. 이때 신을 받는 자가 그 물건이나 토지에 대한 선택권을 갖습니다.

아무개가 이스라엘의 10명의 장로 앞에서 신을 벗었으니, 아무개는 기업 무를 모든 권리를 포기한 것입니다. 아무개는 이일과 더 이상 상관없는 사람이 되었습니다. 동족을 위해서 조금도 손해보지 않으려다 아무개는 하나님의 영원한 기업을 놓쳤습니다. 이것을 '소탐대실'이라고 합니다. 하나님의 백성이 코앞의 이익만 전전긍긍하면 영원한 하나님의 기업을 놓칩니다.

보아스의 다짐

"보아스가 장로들과 모든 백성에게 이르되 내가 엘리멜렉과 기룐과 말론에게 있던 모든 것을 나오미의 손에서 산 일에 너희가 오늘 증인이 되었고

또 말론의 아내 모압 여인 룻을 사서 나의 아내로 맞이하고 그 죽은 자의 기업을 그의 이름으로 세워 그의 이름이 그의 형제 중과 그 곳 성문에서 끊어지지 아니하게 함에 너희가 오늘 증인이 되었느니라 하니"(룻 4:9-10)

마침내 보아스가 법적으로 기업 무를 자로 확정되었습니다. 이제 보아스는 룻을 아내로 맞아들이고, 룻에게서 아들을 낳아 죽은 사람의 기업을 세워 주고, 그 이름이 끊어지지 않도록 법적 책임을 져야 합니다. 또한 보아스는 법적 책임을 지키기 위하여 룻과 나오미 고부에게 돈과 시간을 투자해야 합니다. 노년의 인생도 헌신해야 합니다.

아무개는 인생의 짐이 될 수 있는 룻을 과감하게 포기하였습니다. 그러나 보아스는 이 모든 희생과 책임을 자원하였습니다. 룻이 아들을 낳고, 룻이 엘리멜렉가를 이어갈 수 있도록 보아스는 더 많이 수고하고, 희생해야 했습니다. 보아스는 베들레헴에서 엘리멜렉의 대가 끊어지지 않도록 이어주어야 합니다. 이 일

은 보아스의 희생과 헌신이 요구되는 일입니다. 보아스는 성읍 장로들을 증인으로 세우고, 자신이 그 헌신을 이루겠다고 성읍의 장로들 앞에서 다짐하였습니다.

성읍장로들의 삼중 축복

"성문에 있는 모든 백성과 장로들이 이르되 우리가 증인이 되나니 여호와께서 네 집에 들어가는 여인으로 이스라엘의 집을 세운 라헬과 레아 두 사람과 같게 하시고 네가 에브랏에서 유력하고 베들레헴에서 유명하게 하시기를 원하며 여호와께서 이 젊은 여자로 말미암아 네게 상속자를 주사 네 집이 다말이 유다에게 낳아준 베레스의 집과 같게 하시기를 원하노라 하니라"(룻 4:11-12)

"라헬과 레아 같이 되고, 에브랏에서 유력하고 베들레헴에서 유명해지고, 다말과 유다같이 되고…"

겹겹이 삼중 축복입니다. 라헬과 레아는 동생과 언니 사이입니다. 이 두 여인은 야곱의 아내가 되었습니다. 외삼촌 라반의 속임수로 야곱은 동생과 언니를 동시에 아내로 맞이했지만, 이 두 여인을 통하여 야곱은 8명의 아들을 낳았습니다. 라헬과 레아 두 여인은 이스라엘 열두지파를 대표하는 어머니가 되었습니다.

에브랏과 베들레헴은 같은 땅입니다. 에브랏 베들레헴은 작은 마을이었습니다. 작은 마을에서 유력하고 유명한 이스라엘 왕 다윗이 태어났고, 예수님이 태어났습니다.

다말은 유다의 며느리였지만 유다에게서 베레스와 세라를 낳았습니다. 시아버지 사이에서 낳은 아들이 유다 지파를 이었습니다.

보아스와 룻 사이에 태어난 자녀들이 이스라엘을 대표하는 자녀들이 되고, 이들이 유력하고 유명한 자들이 되고, 이 지파의 후손으로 메시아가 태어나는 것. 이보다 더 큰 축복은 없습니다. 베들레헴에서 예수님이 탄생하심으로 말미암아 성읍 장로들의 축복이 모두 성취되었습니다.

라헬, 레아, 다말 모두 가슴이 시리고 아픈 인생을 살았던 여인들이었습니다. 그러나 당당하게 이스라엘 계보를 이어준 어머니가 되었습니다. 젊은 이방인 과부 룻 역시 청상과부였지만 당당하게 유다가문의 상속자를 이어준 어머니가 되었습니다.

룻이 어머니의 하나님을 섬기기로 확정했을 때, 하나님께서 룻의 하나님이 되시기로 확정하셨습니다. 룻이 어머니의 백성과 함께 살기로 마음을 정했을 때, 하나님께서 룻을 자기 백성으로 확정하셨습니다. 룻이 베들레헴에서 이삭을 주울 때, 하나님께서 룻의 풍성함이 되시기로 확정하셨습니다. 룻이 자신의 행복을 포기했을 때, 하나님께서 룻의 행복이 되어주시기로 확정하셨습니다.

낯선 땅에서 청상과부로 살았지만 낙심하지 않고 한 걸음 한 걸음 하나님 앞으로 걸어갈 때, 하나님께서 룻을 한 걸음씩 인도하셨습니다. 마침내 하나님께서 성읍 장로들과 백성 앞에서 보아스를 룻의 고엘로 확정하셨습니다.

불가항력적인 상황에서, 다시 일어설 수 없는 그 자리에서, 포기하지 않고 하나님을 향하여 걸어가면 하나님께서 친히 인도하십니다. 평범한 일상에서 하나님을 신뢰하고 나아가는 자들을 위하여 하나님께서 독생자 아들을 고엘로 확정하셨습니다. 텅 빈 인생, 쓰라린 인생, 지친 인생, 소망을 잃은 인생을 위하여 하나님께서 자기 아들을 고엘로 확정하셨습니다. 죄 많은 우리를 위하여 하나님의 아들 예수 그리스도께서 자원하여 고엘이 되어주셨습니다.

"아버지께서는 모든 충만으로 예수 안에 거하게 하시고" (골 1:19)

"그 안에는 지혜와 지식의 모든 보화가 감추어져 있느니라" (골 2:3)

하나님께로 나아가는 모든 인생을 위한 보화와 충만함이 하나님의 아들 안에 있습니다. 하나님만 섬기기로 확정하며 나아가는 모든 인생을 위하여 하나님께서 독생자 예수 안에서 모든 보화와 충만함을 얻도록 확정하셨습니다.

희락 회복

(룻 4:13-17)

'텅 빔과 채워짐' 그 뒤에서 섭리하시는 하나님

룻기의 4장 13절에서 17절까지는 대단원의 결론입니다. 이 결론 부분은 히브리어 단어 총 71개로 이루어져 있습니다. 룻기 1장 1절에서 5절까지 발단 부분 역시 히브리어 단어 71개로 이루어져 있습니다. 룻기의 발단과 결론을 이루는 이 두 개의 본문은 서로 대칭을 이루고 있습니다. 이 대칭 구조는 룻기의 흐름을 이해하는 데 매우 중요합니다.

룻기 1장 1절에서 5절까지 발단 본문은 나오미의 '텅 빔(Emptiness)'에 초점을 맞추고 있습니다. 룻기 4장 13절에서 17절까지 결론 본문은 나오미의 '채워짐(Fullness)'에 초점을 맞추고 있습니다.

남편과 두 아들을 잃은 나오미, 젊은 나이에 남편을 잃은 룻, 두 여인은 무엇으로도 채울 수 없는 텅 빈 상태였습니다. 남편과 두 아들 잃은 여인의 마음을, 젊은 나이에 남편을 잃은 여인의 마음은 무엇으로도 채울 수 없었습니다. 그러나 두 과부가 약속의 땅 베들레헴에 들어섰을 때, 하나님께서는 무엇으로도 채울 수 없는 두 과부의 인생 속으로 '고엘'을 보내셨습니다. 하나님께서 보내신 '고엘'이 텅 빈 두 과부의 인생을 풍족한 인생으로 바꾸었습니다.

오래전에 『가이드포스트』에 실린 포스팅입니다.

"하나님께서 소중한 것을 가져가실 때, 하나님은 그 자리에 새로운 것을 보내신다(When God takes away something precious, he sends a new good thing in its place)."

두 과부가 소중한 것을 상실한 그 자리에 하나님께서 '오벳'을 보내주셨습니다. 오벳은 두 과부가 상실한 소중한 남편과 아들의 자리로 보내시는 하나님의 채움이었습니다.

두 과부의 영역 밖에서 섭리하신 하나님

"이에 보아스가 룻을 맞이하여 아내로 삼고 그에게 들어갔더니 여호와께서 그에게 임신하게 하시므로 그가 아들을 낳은지라"(룻 4:13)

두 남녀가 결혼해서 아들을 낳는 것은 지극히 평범한 일입니다. 그러나 보아스와 룻의 결혼은 선남선녀의 평범한 결혼이 아니었습니다. 이 결혼은 레위기 25장 25절과 신명기 25장 5~6절 말씀을 동시에 만족시켜야 가능한 결혼이었습니다.

"만일 네 형제가 가난하여 그의 기업 중에서 얼마를 팔았으면 그에게 가까운 기업 무를 자가 와서 그의 형제가 판 것을 무를 것이요"(레 25:25)

"형제들이 함께 사는데 그 중 하나가 죽고 아들이 없거든 그 죽은 자의 아내는 나가서 타인에게 시집가지 말 것이요 그의 남편의 형제가 그에게로 들어가서 그를 맞이하여 아내로 삼아 그의 남편의 형제 된 의무를 그에게 다 행할 것이요

그 여인이 낳은 첫 아들이 그 죽은 형제의 이름을 잇게 하여 그 이름이 이스라엘 중에서 끊어지지 않게 할 것이니라" (신 25:5-6)

이 두 개의 율법을 동시에 만족시키는 것은 결코 쉬운 일이 아닙니다. 룻의 고엘이 되고자 하는 자는 엘리멜렉의 밭을 살 수 있는 충분한 재력이 있어야 하고, 동시에 룻을 아내로 맞이하여 아들을 낳아야 했습니다. 보아스는 재력은 있었지만 본래 룻의

기업 무를 1순위는 아니었습니다. 보아스보다 더 가까운 친족이 있었습니다. 그러나 기업 무를 우선권자가 기업 무르기를 거절했기에 보아스가 룻의 기업 무를 자가 되었습니다.

젊은 룻 역시 결혼생활 10년 동안 임신하지 못했습니다. 룻과 시아버지 연배의 보아스 사이에 임신이 되는 것은 결코 쉬운 일은 아니었습니다. 그러나 하나님께서 개입하셔서 룻이 임신하였습니다.

"임신하게 하시므로"이 말씀을 히브리어 원어대로 해석하면 '하나님께서 임신을 주셨다'입니다. 보아스가 룻을 아내로 맞이하고, 룻이 임신하고, 룻이 아들을 낳은 것은 하나님의 특별하신 개입이 있었기에 가능했습니다.

룻기 전체 내용을 보면 하나님께서 이스라엘 백성에게 직접 개입하신 사건이 두 번 있습니다. 첫 번째는 룻기 1장 6절에 기록된 '하나님께서 자기 백성을 돌보시어 베들레헴에 풍년을 주셨다'는 사건이고 두 번째는 룻기 4장 13절 '하나님께서 룻에게 임신하게 하셨다'는 사건입니다. 두 사건에서 하나님은 인간의 영역 밖에서 인간이 어떻게 할 수 없는 상황에 개입하셨습니다. 흉년과 세 남자의 죽음으로 인한 상실은 나오미와 룻의 영역 밖이었습니다. 두 과부의 영역 밖에서 섭리하신 하나님이 계셨기에 두 과부가 아들을 안을 수 있었습니다.

쓰라린 인생, 텅 빈 인생, 상실한 인생, 포기한 인생, 죽음 같은 상황 앞에 서 있는 인생들의 영역 안으로 개입하시기 위하여 하나님께서 자신의 아들을 우리에게 보내셨습니다. 모든 것이 무너져버린 절벽 앞에 서 있는 인생들을 위한 하나님의 개입이 바로 하나님의 아들 예수 그리스도이십니다. 하나님의 아들 예수 그리스도 안에서만 애가가 찬가로, 텅 빔이 채움으로, 죽음이 생명으로 바뀌는 인생의 역전이 일어납니다.

'텅 빔'이 사라지는 날

> "여인들이 나오미에게 이르되 찬송할지로다 여호와께서 오늘 네게 기업 무를 자가 없게 하지 아니하셨도다 이 아이의 이름이 이스라엘 중에 유명하게 되기를 원하노라"(룻 4:14)

룻이 아들을 낳던 날, 여인들이 나오미를 둘러싸며 축복하였습니다.

"여호와께서 오늘, 나오미에게 기업 무를 자를 없게 하지 아니하셨도다. 이 아들이 이스라엘 중에 유명하게 되리라."

룻이 낳은 아들은 엘리멜렉의 대를 이을 뿐 아니라, 훗날 그 이름이 이스라엘 중에 오르내리게 될 것이라는 축복입니다.

'없게'라는 말은 히브리어로 '히쉬바트'입니다. 이 동사는 '휴식하다'는 히브리어 '샤바트'의 사역 능동태에 부정어 '로'가 붙어서 '여호와께서 중단하지 않으셨다'는 의미입니다. 여인들이 '하나님께서 나오미의 대를 잇게 하셨다'라고 하지 않고 굳이 '여호와께서 기업 무를 자가 없게 하지 않으셨다'는 이중 부정을 사용한 이유는 무엇일까요? 여기에 이중 축복이 들어 있습니다.

룻이 낳은 아들은 나오미의 대를 잇는 동시에 나오미의 텅 빈 삶을 멈추게 하는 아들이었습니다. 룻이 아들을 낳은 날은 나오미의 '텅 빔'이 없어지는 날이었습니다. 이 날은 전능자 하나님께서 나오미의 '텅 빔'을 중단케 하시고, 풍족함으로 바꾸어 주신 날이었습니다.

남편 잃고, 아들 잃고 괴롭게(마라) 돌아온 나오미가 동서남북, 사방팔방으로 애를 쓴들 어떻게 아들을 얻을 수 있겠습니까? 젊은 이방 과부 룻 역시 어떻게 아들을 낳을 수 있겠습니까? 룻이 낳은 아들은 나오미에게 있어 단순한 손자가 아니었습니다. 텅 빈 인생을 풍족함으로 이어주는 아들이었습니다.

여인들의 축복대로 룻이 낳은 아들(오벳)에게서 이새, 다윗, 솔로몬이 나왔습니다. 솔로몬부터 시작하여 다윗 왕이 속한 유다 지파가 이스라엘의 유명한 왕가를 이었습니다. 유다 지파에서 '메시아' 예수님께서 탄생하셨습니다.

할렐루야!

우리의 마라를 끊어주시고, 우리의 찬송을 이어주시는 하나님을 찬양합니다. '텅 빔'에서 '풍족함'으로 대를 이어주시고, '죽음'에서 '생명'으로 대를 이어주시고, 진노의 자녀에서 사랑의 자녀가 되도록 자신의 아들 예수 그리스도로 대를 이어주신 하나님을 찬양합니다. 인생의 흉년을 풍년으로 이어주시는 하나님을 찬양합니다. 우리의 애가를 찬가로 바꾸어주시는 하나님을 찬양합니다.

생명의 회복자, 노년의 봉양자

"이는 네 생명의 회복자이며 네 노년의 봉양자라 곧 너를 사랑하며 일곱 아들보다 귀한 네 며느리가 낳은 자로다 하니라"(룻 4:15)

여인들이 룻을 향하여 축복하였습니다.

"일곱 아들보다 귀한 네 며느리 룻이 낳은 아들을 보라. 그는 나오미를 봉양하며 나오미의 생명을 회복할 자로다."

'일곱'은 '완전수'이며 '완성수'로 '하나님의 숫자'입니다. 룻이 낳은 아들은 나오미에게 일곱 아들 그 이상이었습니다. 룻이 낳은 아들이 나오미를 부양하고, 나오미를 책임질 것이라는 의미입니다.

'생명의 회복자'는 '용기', '정신', '힘'을 회복시킨다는 의미입니다. 베들레헴으로 돌아온 나오미는 '마라'였지만 룻이 낳은 아들을 통하여 나오미가 새로운 용기와 힘으로 앞날을 살아갈 것이라는 의미입니다.

'노년의 봉양자'라는 의미는 룻이 낳은 아들로 인하여 나오미의 미래가 풍족함이 될 것이라는 의미입니다.

룻이 낳은 아들은 젊은 과부가 결혼해서 낳은 단순한 아들이 아니었습니다. 룻과 보아스에게서 태어난 아들은 보아스의 대를 잇고, 엘리멜렉의 대를 잇고, 대를 잇지 못하는 이스라엘의 텅 빈 가정의 대를 이을 아들이었습니다. 이 아들은 텅 빈 이스라엘을 일으키고, 마라가 된 이스라엘을 회복시키는 아들이었습니다. 이 아들은 에브라임에서 권세를 떨치고, 베들레헴에서 이름을 휘날리며, 이스라엘의 족보를 이어주는 아들이었습니다. 또한 텅 빈 인생들을 회복시키는 생명의 회복자요. 텅 빈 이스라엘의 채움이었습니다.

헬라 철학자 아리스토텔레스는 "신이라도 과거를 회복시킬 수 없다"고 하였습니다. 그렇습니다. 아리스토텔레스가 믿는 신은 과거를 회복시킬 수 없습니다. 그러나 나오미의 하나님, 전능하신 하나님은 나오미의 과거와 현재와 미래까지 완전하게 회복시키셨습니다.

두 아들이 죽었지만 일곱 아들보다 귀한 며느리 룻이 함께 하였습니다. 두 아들 사이에서는 대를 이를 아들이 태어나지 못했지만, 과부 며느리에게서 대를 이를 아들이 태어났습니다. 두 아들이 모두 죽었지만 엘리멜렉가의 대를 이을 손자가 태어났습니다. 이 일은 사람의 힘으로나 계획으로나 노력으로는 불가능한 일이었습니다. 텅 빈 인생들을 채우시는 전능자 하나님의 개입이 있었기에 가능하였습니다.

우리 하나님은 우리의 과거, 현재, 미래까지 회복하실 수 있는 전능하신 하나님이십니다. 이 일을 위하여 하나님께서 자기 아들을 세상에 보내셨습니다.

> "이튿날 요한이 예수께서 자기에게 나아오심을 보고 이르되 보라 세상 죄를 지고 가는 하나님의 어린 양이로다"(요 1:29)

하나님의 어린 양이 우리의 과거, 현재, 미래의 죄를 십자가에서 도말塗抹해주셨기에 우리의 비천함, 초라함, 가난함, 끊어짐이 멈추었습니다. 하나님의 아들이 우리를 대신해서 죄를 짊어지셨기에 우리가 죄로부터 자유롭게 되었습니다. 하나님의 아들 안에서 우리는 나오미 그 이상으로 회복되었습니다. 하나님의 본심은 우리의 과거를 회복시키시고, 우리의 현재를 회복시키시고, 우리의 미래를 열어주십니다. 하나님의 본심이 텅 빈 우리를 풍족하게 하십니다.

희생과 헌신의 열매, 오벳

"나오미가 아기를 받아 품에 품고 그의 양육자가 되니 그의 이웃 여인들이 그에게 이름을 지어 주되 나오미에게 아들이 태어났다 하여 그의 이름을 오벳이라 하였는데 그는 다윗의 아버지인 이새의 아버지였더라"(룻 4:16-17)

룻이 낳은 아들을 나오미가 받아 가슴에 품었습니다. 16절에 기록된 '아들'은 히브리어 '벤'이 아니라 '엘레드'입니다. 히브리어로 '벤'은 일반적인 아들을 의미합니다. '엘레드'는 '어린이'를 의미합니다. 룻기 1장 5절에 말론, 기룐 두 아들을 '엘레드'로 기록하였습니다.

두 아들을 먼저 보내고 가슴에 묻어야 했던 나오미가 룻이 나은 아들 '엘레드'를 가슴에 품는 것으로 인해 텅 빈 가슴이 채워진 것입니다. 나오미가 이 아들 '엘레드'를 가슴에 품고 돌보며 양육하게 되었습니다. 아들이 태어난 지 8일 만에 이웃 여인들이 나오미가 아들(벤)을 낳았다 하여 그 이름을 '오벳'이라 지어주었습니다. 룻이 나은 아들을 나오미가 '아들을 낳았다'고 표현한 것은 이 아들이 엘리멜렉의 대를 이어주는 아들이기 때문입니다.

죽기까지 시어머니를 봉양하겠다는 며느리 룻의 희생, 한 가계의 대를 이어주기 위하여 헌신한 보아스의 희생, 자신의 풍족함보다 며느리의 행복을 더 추구했던 나오미의 희생! 이 세 사람의 희생과 헌신의 열매가 오벳입니다.

나오미, 룻, 보아스 세 사람의 희생과 헌신이 세 사람의 텅 빔을 풍족함으로 바꾸었습니다. 참된 사랑은 나 아닌 타인을 위하여 나를 내어 주는 것입니다. 내가 아닌 타인을 위한 사랑이 나를 풍족하게 합니다.

하나님은 우리의 인생 안으로 자신의 아들을 내어 주셨습니다. 일곱 아들보다 귀한 독생자 예수의 희생으로 우리가 구원을 받았습니다. 하나님의 아들의 희생과 헌신으로 우리의 텅 빔이 풍족함으로 변했습니다. 우리를 위하여 하나님의 아들이 십자가를 지시고 죽으셨습니다.

십자가! 우리의 마라가 죽고 우리가 나오미로 회복되는 곳입니다. 십자가 없는 나오미(희락)는 없습니다.

룻, 나오미, 보아스 세 사람의 희생으로 태어난 아들이 이스라엘의 왕위를 이어갔습니다.

"그의 십자가의 피로 화평을 이루사 만물 곧 땅에 있는 것들이나 하늘에 있는 것들이 그로 말미암아 자기와 화목하게 되기를 기뻐하심이라"(골1:20)

예수님 십자가의 피로 우리가 구원을 받았습니다. 예수님께서 우리의 회복자, 봉양자, 양육자가 되어주셨습니다. 이제 우리도 당당하게 구속사의 대를 이어갈 수 있게 되었습니다. 십자가에 나타나신 하나님의 완전하신 희생과 사랑으로 우리의 마라(텅빔, 고통)가 나오미(채움, 기쁨)로 바뀌었습니다.

톨레도트

(룻 4:18-22)

딱딱한 조개껍데기 사이에 끼어 있는 작은 진주

룻기는 사사들이 치리하던 때로 시작하여 다윗의 족보로 막을 내립니다. 사사기와 사무엘서가 전쟁을 중심으로 기록된 남성적인 역사서라면 룻기는 전형적이고, 평범한 여성의 삶이 중심이 되는 역사서입니다.

네덜란드의 신학자 아브마(Abma)는 룻기를 일컬어 '사사기 와 사무엘서라는 딱딱한 조개껍데기 사이에 끼어 있는 작은 진주'라고 하였습니다.

룻기가 사사기와 사무엘서의 딱딱한 조개껍데기 사이의 진주처럼 반짝이는 이유는 룻기가 두 여성의 삶을 넘어서 이방인과 이스라엘을 이어주고, 율법과 복음을 이어주고, 슬픔과 희락을 이어주고, 구약과 신약을 이어주기 때문입니다.

'안식'과 '회복'을 이어주는 족보

> "베레스의 계보는 이러하니라 베레스는 헤스론을 낳고
> 헤스론은 람을 낳았고 람은 암미나답을 낳았고
> 암미나답은 나손을 낳았고 나손은 살몬을 낳았고
> 살몬은 보아스를 낳았고 보아스는 오벳을 낳았고
> 오벳은 이새를 낳고 이새는 다윗을 낳았더라"(룻 4:18-22)

룻기의 드라마틱한 역사가 다섯 절로 종결되었습니다. 룻기 전체 흐름으로 보면 기업 무르기와 유대 수혼법으로 태어난 오벳은 엘리멜렉의 후사가 되어야 할 것 같은데 보아스의 아들로 기록되었습니다. 이유는 룻과 나오미의 배후에서 섭리하셨던 하나님께서 엘리멜렉 개인의 족보를 이어주신 것이 아니라 고엘을 통하여 다윗의 족보를 이어주셨기 때문입니다. 룻기에 기록된 족보는 베레스에서 다윗까지 모두 10명이 기록되었습니다.

마태복음 1장에 기록된 다윗의 족보는 아브라함부터 다윗까지 14대까지입니다. 룻기에 4장에 기록된 다윗 족보는 아브라함,

이삭, 야곱과 유다가 생략이 되고 베레스부터 다윗까지 10대입니다. 룻기의 마지막 결론을 장식하는 베레스 족보는 다윗을 강조한 족보입니다.

룻기의 족보를 보면 보아스가 7번째이고 다윗이 10번째입니다. 이스라엘에서 숫자 '7'은 '안식'과 '회복'을 의미합니다. 베레스 족보의 7번째 보아스는 이스라엘 백성들이 제멋대로 살던 사사시대 텅 빈 이스라엘의 안식과 회복을 이어주는 고엘을 의미합니다. 숫자 '10'은 '완전함', '최종적인 것'을 의미합니다. 베레스 족보의 10번째 다윗은 사사시대를 완전히 종결하고 왕정정치를 통한 하나님의 최종적인 통치를 의미합니다.

유다 베들레헴 에브랏 사람들

베들레헴은 유다 성읍들 가운데 작고 보잘것없는 성읍이었습니다. 에브라다는 라헬이 야곱의 막내아들인 베냐민을 낳으면서 죽은 곳입니다. 라헬이 죽은 이후 에브라다는 이스라엘 백성들에게 슬픔을 상징하였습니다. 작고 보잘것없는 베들레헴, 죽음을 슬퍼하는 통곡의 땅 에브라다에서 회복과 생명의 메시아가 태어나셨습니다.

“주께서 나의 슬픔이 변하여 내게 춤이 되게 하시며 나의 베옷을 벗기고 기쁨으로 띠우셨나이다”(시 30 : 11)

“여호와의 속량함을 받은 자들이 돌아오되 노래하며 시온에 이르러 그들의 머리 위에 영영한 희락을 띠고 기쁨과 즐거움을 얻으리니 슬픔과 탄식이 사라지리로다”(사 35 : 10)

라헬이 낳은 ‘슬픔의 아들 베노니’가 ‘오른손의 아들 베냐민’으로 바뀌었던 곳이 ‘에브라다’였습니다. 상실, 탄식, 아픔, 슬픔, 죽음이 춤, 기쁨, 즐거움으로 바뀌었던 곳이 ‘베들레헴 에브라다’였습니다. 나오미와 룻 두 과부의 상실과 탄식이 변하여 춤이 되었던 곳, 두 과부가 아픔과 슬픔의 베옷을 벗고 기쁨의 옷을 갈아입었던 곳이 베들레헴입니다.

아브라함의 자손들, 다윗의 자손들을 영원한 기쁨과 즐거움으로 이어주시기 위해 하나님의 아들이 베들레헴으로 오셨습니다. 우리의 모든 상실, 탄식, 아픔, 슬픔을 벗기고 기쁨으로 갈아입히시기 위해 하나님께서 자기 아들 예수 그리스도를 톨레도트로 세우셨습니다. 죄로 인하여 죽을 수밖에 없는 텅 빈 인생들, 하나님 없는 풍족함을 구하다 제로가 된 인생들을 구원하시기 위해 자기 아들을 우리에게 보내주셨습니다.

'톨레도트', 우리를 살리는 '생명의 족보'

'톨레도트'[1]는 구약성경에서 총 '39회' 사용되었습니다. 하나님의 '톨레도트'는 '생명을 살리는 하나님의 구원역사'입니다. 구약성경에서 '톨레도트'는 '대략'(창 2:4), '자손'(창 5:1), '사적'(창 6:9), '후예'(창 10:1), '약전'(창 37:2), '연차'(출 6:16), '세계'(대상 1:29) 등의 의미로 사용되었습니다.

특히 창세기에서 '톨레도트'는 하나님께서 사람을 창조하시고 그들에게 복을 주시면서 "생육하고 번성하라"(창 1:28) 하신 말씀이 이루어지는 과정을 담고 있습니다. 또한 하나님께서 아브람에게 "내가 너로 큰 민족을 이루게 하겠다"라고 하신 약속이 이루어지는 과정을 의미하는 단어입니다.

룻기에서 '계보'로 사용된 '톨레도트' 역시 하나님께서 텅 빈 두 과부의 삶에 개입하시는 하나님의 구속 역사입니다.

유다 지파의 평범한 가장 엘리멜렉의 선택과, 남편을 따라 모압으로 이주한 나오미의 상실과 고통 속에서, 이방 여인을 아내로 맞이한 말론과 기룐의 인생 가운데, 유다 가문으로 시집 왔지만 과부가 되어 자기 신에게로 돌아간 오르바의 행보 속에서 하나님의 톨레도트가 성취되었습니다.

---

1) '톨레도트'는 히브리어 명사로 '족보', '계보'를 의미합니다. 이 동사는 '낳다', '낳게 하다'에서 나온 파생어로 '기원', '유래', '세계', '세대'로 번역되어 기록되었습니다.

온갖 고난을 각오하면서도 하나님의 백성으로 살겠다는 룻의 선택 속에서, 자신에게 손해가 날까 두려워 책임을 외면하는 아무개의 선택 속에서, 엘리멜렉의 기업을 위해 자신을 희생하는 보아스의 선택 속에서 하나님의 톨레도트가 진행되었습니다.

그리고 오늘날 우리의 상실, 탄식, 아픔, 슬픔, 죽음을 춤, 기쁨, 즐거움, 생명으로 바꾸어 주시기 위해 하나님의 톨레도트는 진행 중입니다.

톨레도트를 이루시는 전능자, 여호와, 하나님

룻기는 50%가 대화체입니다. 이 대화 가운데 '여호와'라는 하나님 명칭이 룻기 전체에서 모두 '15번' 나옵니다. '전능자'는 '2번' 나옵니다. '하나님'은 '3번' 나옵니다. 룻기에 나타난 전능자, 여호와, 하나님은 모압 지방에서 베들레헴에서 자기 백성 가운데서 곧 나오미, 룻, 보아스, 보아스의 일꾼들, 성문에 있는 모든 백성과 장로들, 베들레헴 사람들, 여인들의 삶에 깊숙이 개입하시는 하나님이셨습니다.

이들의 대화 한가운데서 고백되는 '여호와', '전능자', '하나님'은 자기 백성을 돌보시는 여호와(룻 1:6), 선대하시는 여호와(룻 1:8),

위로 받게 하시는 여호와(룻 1:9), 때리시는 여호와(룻 1:13), 벌을 내리시는 여호와(룻 1:17), 빈손 되게 하시는 여호와, 징벌하시는 여호와(룻 1:21), 함께 하시는 여호와, 복 주시는 여호와(룻 2:4), 보답하시는 여호와, 온전한 상주시는 여호와(룻 2:12), 복 주시는 여호와(룻 2:20, 룻 3:10), 살아 계신 여호와(룻 3:13), 유력하고 유명하게 하시는 여호와(룻 4:11), 과부에게 상속자를 주시는 여호와(룻 4:12), 임신하게 하시는 여호와(룻 4:13), 기업 무를 자를 주시는 여호와(룻 4:14)입니다. 또한 괴롭게 하시는 전능자(1:20), 징벌하시는 전능자(룻 1:21)입니다. 그리고 어머니의 하나님(룻 1:16), 나의 하나님(룻 1:16), 이스라엘의 하나님(룻 2:12)입니다.

룻기의 등장인물이 불렀던 전능자, 여호와, 하나님은 자기 백성뿐 아니라 하나님의 백성들과 함께 살기를 원하는 사람, 하나님을 섬기기를 원하는 모든 사람에게 '톨레도트'의 하나님이셨습니다.

베들레헴 사람들이 불렀던 '여호와', '전능자', '하나님'은 오늘날도 여전히 하나님의 백성으로 살고, 하나님을 섬기며 살기를 원하는 모든 이들에게 '톨레도트'의 하나님이십니다.

"하나님의 아들 예수 그리스도의 복음의 시작이라"(마 1:1)

우리 주 예수 그리스도께서 우리의 고엘이 되어주심으로 인해 우리의 복된 삶이 시작되었습니다.

할렐루야!

우리의 위로가 되시는 톨레도트의 예수님을 찬양합니다.

우리의 지혜가 되신 톨레도트의 예수님을 찬양합니다.

우리의 텅 빔을 채우시는 톨레도트의 예수님을 찬양합니다.

우리의 복음이 되어주신 톨레도트의 예수님을 찬양합니다.

우리의 끊어짐을 이어주시는 톨레도트의 예수님을 찬양합니다.

우리의 타작마당이 되어주신 톨레도트의 예수님을 찬양합니다.

우리의 회복이 되어주신 톨레도트의 예수님을 찬양합니다.

룻기 오솔길

선택, 은혜, 순종, 성취는 룻기를 이어가는 4개의 길입니다.

선택

1. **남았더라,** 누구에게나 선택할 기회는 남아 있습니다.
2. **돌아가라,** 솨마! 쿰! 슈브! 듣고, 일어나서, 돌아가라.
3. **이르렀다,** 마침내 이른 그곳, 여호와이레입니다.

은혜

4. **이삭줍기,** 이삭줍기에도 은혜가 필요합니다.
5. **온전한상,** 은혜가 쌓이면 온전한 상이 옵니다.
6. **고부은혜,** 환상의 케미를 이룰 수 있는 가장 좋은 자원입니다.

순종

7. **청혼전략,** 가장 좋은 전략은 하나님 말씀입니다.
8. **타작마당,** 하나님의 섭리가 이루어지는 마당입니다.
9. **여섯지혜,** 지혜가 가장 탁월한 삶의 기술입니다.

성취

10. **고엘확정,** 우리의 고엘! 예수 그리스도!
11. **희락회복,** 애가를 찬가로 바꾸시는 하나님!
12. **톨레도트,** 우리를 살리는 생명의 족보

오솔길 묵상

상실, 아픔, 텅 빔을 품고 걸어가는 자들의 뒤에서 빈틈없이 기승전결로 자신의 선하신 뜻을 이루어가시는 하나님은 소설 속의 아버지가 아니라 우리의 일상에 개입하시는 자상하신 우리의 아버지이십니다.